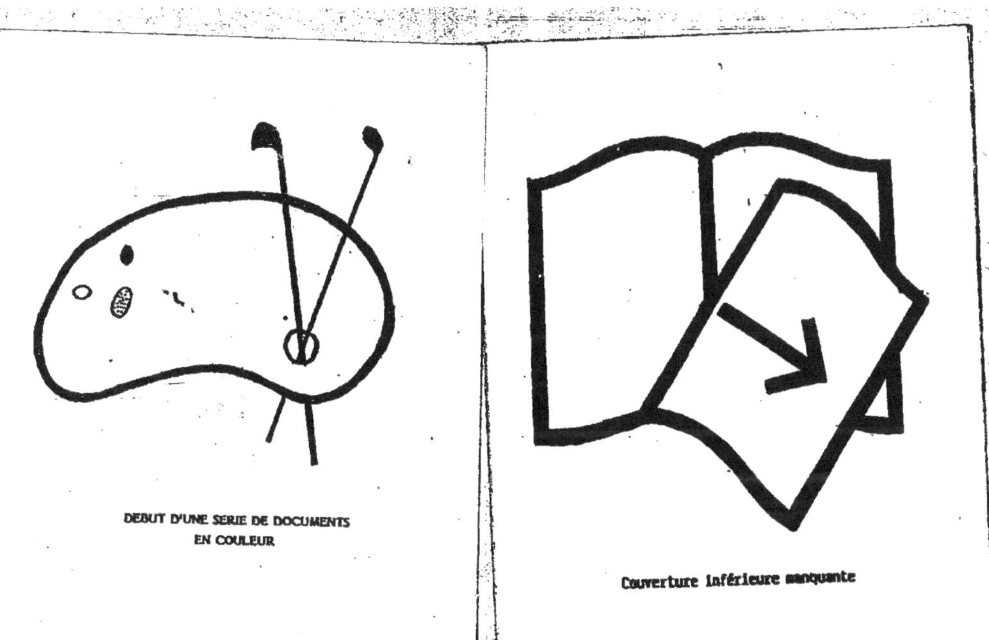

DEBUT D'UNE SERIE DE DOCUMENTS
EN COULEUR

Couverture inférieure manquante

BIBLIOTHÈQUE CONTEMPORAINE

HUGUES LE ROUX

CHASSES & GENS

D'ABYSSINIE

PARIS

CALMANN-LÉVY, ÉDITEURS

3, RUE AUBER, 3

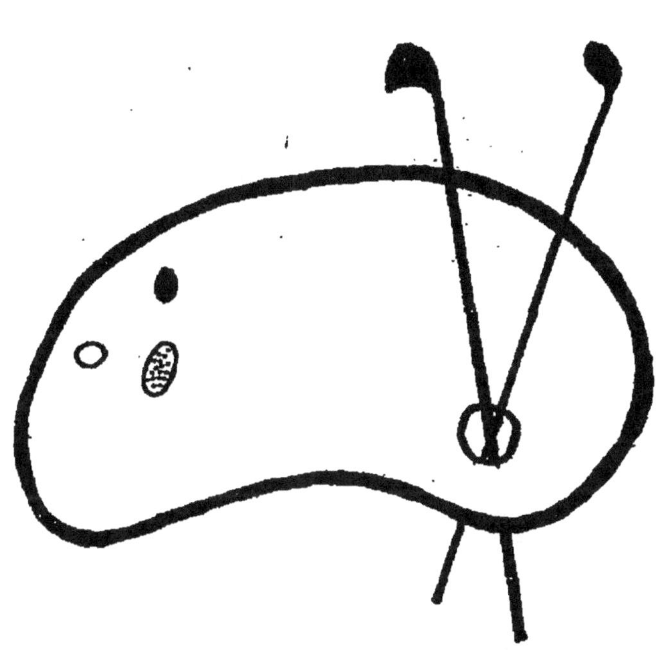

FIN D'UNE SERIE DE DOCUMENTS
EN COULEUR

O³e

132

CHASSES ET GENS

D'ABYSSINIE

HUGUES LE ROUX

CHASSES ET GENS D'ABYSSINIE

PARIS
CALMANN-LÉVY, ÉDITEURS
3, RUE AUBER, 3

A MON AMI

PIERRE CARETTE

Grand Chasseur devant Dieu et devant les Issas,
qui m'a initié aux mystères de la forêt vierge et de la jungle

FRATERNEL SOUVENIR

HUGUES LE ROUX.

PRÉFACE

La promenade en pays vierge va devenir à la mode chez nous. C'est le plus noble des sports. Il sert la France, car ce n'est pas vainement qu'un homme de bonne éducation et qui ne liarde point traverse ces populations primitives : on laisse derrière soi un sillage qui ne s'efface pas.

Les Anglais connaissent l'utilité politique de ces contacts. C'est une aventure commune que chez eux le gentleman-chasseur devance le négociant, voire le missionnaire. L'Afrique est rayée de ces excursions cynégétiques. Elles ont leur livre d'or : les *Records of big game*, de M. Rowland Ward. Pour lire leur nom écrit dans ces annales de la grande chasse, en face d'une mesure de cornes d'antilope ou de défenses d'éléphant, de jeunes millionnaires anglais organisent des expéditions coûteuses. Ils vont crânement au danger et, dans des efforts vraiment virils, achèvent l'éducation de leur sang-froid.

La mode de ces saines prouesses commence à se répandre chez nous. Au mois de février 1901, au moment où je me disposais à quitter Addis-Ababa pour m'enfoncer du côté de l'ouest, j'ai reçu à ma tente la visite de M. le lieutenant Burthe d'Annelet, second de la mission Du Bourg de Bosas. Il venait aux renseignements tandis que son compagnon recrutait des chameaux à Djibouti. Quels heureux projets de retour nous formâmes ce jour-là! Il n'était encore question que de grandes chasses dans les territoires inconnus des Aroussis...

Si le vaillant jeune homme qui vient de succomber en essayant de faire son rêve vivant,

pouvait encore élever la voix, il ne voudrait
pas que la mélancolie de son aventure décou-
rageât d'autres jeunes Français d'entrer dans
la route qui s'ouvre. Il leur dirait bien plutôt
qu'on s'anoblit en aimant certaines difficultés,
qu'on meurt sans regret quand on les a
vaincues.

Depuis mon retour, beaucoup de gens du
monde qui ont du loisir et de l'argent m'ont
demandé des renseignements et des avis sur
l'organisation et la discipline d'une caravane
bien recrutée. Du nombre était le fils d'un
ami ancien, M. Duchesne-Fournet, qui vient de
visiter dans des conditions excellentes d'observation scientifique la région du lac Tzana. Aux
uns et aux autres, j'ai communiqué avec un
grand plaisir mes impressions de chasse et de
route. Peut-être intéresseront-elles cette innom-
brable foule de voyageurs qui n'ont pas la
joie, ni l'occasion de se mettre vraiment en
chemin, mais qui doivent se contenter du plaisir, déjà délicieux, de chevaucher leurs imagi-
nations.

Ceci est le profit moral qu'un homme riche et gâté par la vie tire d'une telle excursion : très vite il apprend que si l'argent est nécessaire pour organiser une expédition qui ait chance de réussir, l'or tout seul ne suffit à rien. Ici, l'effort personnel devient nécessaire, l'effort moral et l'effort physique. On n'est pas le chef parce que l'on paie, mais seulement si on a mérité de l'être. L'indépendance des hommes que l'on commande est sans limites. Ils ne sont façonnés, ni retenus par aucune discipline. Pour la vie et pour la mort, on est dans la dépendance de leur bonne volonté.

Je ne crois pas nécessaire de dire qu'ils ne toléreraient point une défaillance dans le courage. Nous sommes dans un pays où la question ne se pose pas. Le premier venu supporte la souffrance, toutes les privations, avec des ressources d'énergie à peu près illimitées.

Ce fut l'erreur du cher et brillant Morès de croire que sa bravoure, son mépris de la mort, auraient, dans la route d'Afrique, le même prestige qu'à Paris. A Paris, il fait bon vivre. C'est une raison pour que, sur le boulevard, on tienne beaucoup à la vie. Un homme qui est toujours prêt à jeter la sienne aux orties comme un vêtement usé y est un objet d'étonnement et de secrète inquiétude. En cœur d'Afrique, — en pays chaamba comme chez les Beni-Changoul, la vie n'a pas de valeur. Le dernier des sokrars qui marchait derrière le méhari de Morès était pour le moins aussi brave que lui, aussi dédaigneux de la mort. Il avait, par contre, à son service des ressources de ruse, une intelligence de la politique indigène, la divination des périls du chemin, qui manquèrent trop à notre ami et l'exposèrent aux coups de la haine franche ou de la trahison.

Il faut donc comprendre tout d'abord, quand on met le pied dans la brousse, qu'on y doit entrer avec l'âme d'un homme nouveau. Les caprices d'enfant gâté ne sont plus de saison. Il importe de connaître les lois du milieu primitif où l'on pénètre, de les respecter toutes et de s'abriter prudemment derrière elles.

Sans doute, tous ces grands enfants que l'on commande ne sont pas désintéressés. Ils marchandent longuement avant de s'engager, ils connaissent la pression que l'on peut exercer sur le « patron » en organisant la résistance collective pour faire hausser le prix du salaire. Mais s'il faut tolérer chez eux toutes ces faiblesses de naturelle fourberie, on ne peut se permettre à soi-même le plus petit écart. C'est tout à fait vainement que, dans une minute de colère on les sommerait en disant :

— Obéissez, puisque je paie !

Il faut payer, en effet, mais de justice et de cœur. Le grade n'est pas affirmé ici par un signe extérieur La supériorité de la culture que l'on a pu acquérir ailleurs vous laisse désarmé. On ignore tout du pays où l'on se meut : le climat, les hommes et les bêtes. Comment donc rétablir la notion de la supériorité indispensable au chef, sinon par les qualités du caractère ? J'affirme que l'on est perdu si l'on ne se montre pas juste comme la justice. D'une façon ou de l'autre, grave ou médiocre, l'on sera la victime des hommes que l'on croit conduire et qui vous mènent, si l'on ne trouve pas le moyen de toucher leur cœur, de mériter ce nom qu'ils vous donnent ingénument :

— Tu es mon père. Je suis dans tes mains comme un enfant.

Ils vous feront crédit de votre manque d'endurance, qui apparaîtra toujours de façon évidente, si, le soir, à l'étape, vous lavez vous-même leurs plaies, si vous tâtez le pouls aux fiévreux, si vous n'avez pas de rebut pour leur chair blessée. Si vous êtes accompagné d'un médecin, faites-vous au moins infirmier consultant, hochez la tête, intéressez-vous à ceux qui saignent, à ceux qui frissonnent. Le primitif ne conçoit la science que sous une forme : l'art de combattre la maladie et la mort. Et qu'est-elle donc, en effet, si, d'une façon ou de l'autre, elle n'aboutit pas à rendre la vie meilleure, la douleur plus supportable?

Je n'ai pas employé d'autre sortilège pour nouer si fortement la petite botte de ma cara-

vane, que les braves gens qui, le jour de mon
arrivée, m'attendaient à Daouenlé, à la descente
du chemin de fer de Djibouti, m'y ont ramené
bien des mois après. Nous avons traversé
ensemble les occasions de la vie et de la mort.
Nous avons pu compter les uns sur les autres,
sans déceptions. Le lecteur verra souvent revenir dans ces pages, mêlés au souvenir de mes
chers amis, MM. Pierre Carette et de Soucy,
les noms de ces compagnons fidèles : Abdi,
Balainé, Dinessa, Zarafou, qui ne sortiront plus
de ma mémoire ni de mon cœur.

H. L. R.

CHASSES ET GENS D'ABYSSINIE

I

NOUVEL AN D'AFRIQUE

Ce matin, 1ᵉʳ janvier 1901, je me suis levé à la petite pointe de l'aurore. Au sortir des brûlures rougeoyantes du désert issa que nous venons de franchir, ce mot magique de Bioh-Cabauba, « eau froide », a hanté mon sommeil. Hier soir, lorsque déjà la nuit était tombée, nous sommes descendus dans le lit de ce torrent. Nous n'avions pas aperçu le miroir délicieux de l'eau. On avait deviné sa présence à cette odeur pernicieuse qui s'enveloppe de la fraîcheur des arbres, et, en pays tropical, dit la fièvre.

Je n'ai pas eu besoin de demander à la sentinelle, qui, au bord du camp, monte la dernière garde de nuit, de m'indiquer la place de l'eau. En se penchant, les arbres la désignent. Il y a là des vieux barbus, chevelus de lianes, qui semblent des Rois Mages, agenouillés au-dessus du berceau où sanglote la vie.

Je fais comme eux. Je vais à la place magique. J'entre dans le frisson de l'eau avec un frisson pareil au leur. Quelle sensation délicieuse ! C'est dans le grand ciel d'Afrique lui-même que je plonge. Il suffit que je remue mes bras pour mêler, comme un peintre sur une palette de cristal, des nacres avec de l'azur. A cette flaque de clarté, l'ombre inclinée des arbres fait un écrin sombre. Je prends un bain d'aurore.

… Quatre heures du matin. Rentrée au camp. Il est en rumeur. Tous les dormeurs, qui, tout à l'heure, gisaient, enveloppés de couvertures dans un sommeil lourd comme la mort, sont dressés sur leurs pieds. On désentrave les animaux, que la garde de nuit avait rangés sur une seule ligne. Les chameliers répandent des tas d'orge devant l'agenouillement de leurs dromadaires. La fumée d'un feu clair s'accroche aux basses branches de l'arbre inconnu qui abrite notre tente. Il y a autour de son tronc des piles de selles qui s'escaladent et se chevauchent, des rangées de fusils Gras, disposés comme au râtelier; des ceintures à cartouches pendent aussi nombreuses que les lianes. Et c'est vraiment le champ de la confusion des langues. On parle issa, arabe, abyssin, somali, grec, français, italien. Le vocabulaire général est fait de tous ces mots mis en tas par des gens qui ne sont rien de moins que des philologues et qui s'en servent au petit bonheur. On s'entend tout de même, car la nécessité et le voyage ont précisé, simplifié les besoins de tous. Il suffit, ici, de savoir dire dans toutes ces langues : « l'eau, le feu, le chemin, la chasse, la vie et la mort. »

— Savez-vous, mes chers camarades, que c'est aujourd'hui le 1ᵉʳ janvier 1901, et que l'aurore qui se lève là, c'est l'aurore du nouveau siècle?

Si l'on s'embrassait un peu, entre braves garçons, à l'occasion des étrennes? Histoire de
n'en pas perdre tout à fait l'habitude....

Mes deux compagnons blancs sont plus jeunes que moi. Leurs vies, leurs espérances sont
encore, devant eux, intactes. Tout de même,
on a, là-bas, très loin, du côté de Paris, des
tendresses en souffrance. Et c'est avec un petit
coin d'émotion dissimulée, — les hommes ont
leur pudeur, — que l'on frotte des barbes trop
longues contre des joues qui piquent.

C'est décidé : on ne marchera pas aujour-
d'hui. Les dromadaires resteront à ruminer
devant leurs tas d'orge; les chevaux et les
mulets, à l'ombre des arbres chevelus, pourront
tondre les places vertes; les hommes chas-
seront, flâneront, deviseront, couchés sur la
banquette de sable, aussi douce à effleurer que
du velours.

On va dresser la table à une place ombreuse,
avec un luxe inaccoutumé. Pendant que le boy
Balainé déchire un beau carré d'« aboudgidide » toute blanche, pour nous en faire une

nappe, je vais, dans la tente du cuisinier Agoudcho, examiner l'état d'un filet d'antilope que, dès hier soir, j'ai arrosé tout cru, avec de la « worcestershire sauce » afin de le mettre au point d'un honorable attendrissement. On parle aussi avec mystère de deux poules de prairie qui se présenteraient, rôties sur des baïonnettes, étoffées avec des farces de pâté d'alouettes.

... En attendant, Abdi place deux sentinelles aux deux bouts du terre-plein qui nous sert de salle à manger. Cet homme ne croit pas à la trève des confiseurs ! Il raconte qu'il faut parer à une surprise d'Issas. Ces mécréants pourraient profiter de la liesse du camp, afin d'enlever nos mulets, ou encore débaucher quelques dromadaires.

— Place tes sentinelles, mon bon Abdi ! On leur donnera à finir les carcasses de poules de prairie, si le festin du Nouvel An s'achève sans encombre.

Maintenant, c'est la fulguration grandiose de midi. Il n'y a plus d'ombre au pied des euphorbes, qui, pâles, dans le lit du torrent, dressent au bout des hampes leurs gousses empoisonnées. Les oiseaux multicolores qui chantaient, dans les clairières de Bioh-Cabauba, ont plongé dans l'obscurité inextricable des plantes grasses. Les cynocéphales font la sieste. Dans l'universel silence, notre petit bouchon de champagne part avec un jet de mousse et fait le bruit d'un coup de canon.

— Buvons, mes amis, au siècle qui commence. Qu'il voie les hommes plus unis, les races moins séparées par des fossés de préjugés et de meurtres... Buvons, chacun en silence, au cher secret de nos cœurs.

La fumée de nos cigarettes monte toute droite dans l'air brûlant. Personne, en ce moment, n'a envie de prendre un fusil et d'aller surprendre, dans leur torpeur de midi, les grands gibiers qui somnolent. C'est le moment de deviser.

— Je donne un paquet de cartouches à celui qui nous contera la plus belle histoire. Commence, Oualdé Mariam...

— Un jour, je suis allé à l'éléphant avec mon père. Il n'y avait pas encore de fusils dans les mains de tout le monde ; on se battait avec des lances et avec cela...

Oualdé Mariam montre le « gouradi », le sabre recourbé comme une serpe, qui est enfilé dans sa ceinture, et qui sert, ici, à s'ouvrir un chemin à travers la forêt vierge, ou au travers des poitrines humaines.

—... Mon père m'avait emmené à la chasse. J'étais un enfant, je ne pouvais que le regarder. Nous étions cachés derrière un buisson. Il a laissé passer l'éléphant ; puis, il est sorti dans le chemin. Il a frappé par derrière, dans ce pli qui est entre les grosses cuisses et que la petite queue fouette. La lance s'est enfoncée jusqu'au bois. Alors, l'éléphant a poussé un cri terrible. Il a voulu saisir celui qui l'avait blessé. Mais, mon père s'est caché entre les jambes de la bête. Il tournait autour comme font les enfants qui jouent entre des troncs d'arbres. Quand la trompe s'avançait du côté gauche, il se cachait derrière la jambe droite ;

quand la trompe venait du côté droit, il se cachait derrière la jambe gauche. Chaque fois qu'il passait sous le ventre, il faisait, avec son gouradi, une blessure profonde. Et moi, je battais des mains, je lui criais : « Père, prends garde à droite, prends garde à gauche! » Et je riais et mon père riait aussi.

Taër conte :

— Je suis allé à Madagascar quand les Français se sont battus. Nous étions trois Issas. On nous a incorporés avec les Kabyles. Tous les prisonniers qui essayaient de s'échapper, quand on les reprenait, on leur coupait la tête. C'était très amusant. Alors nous, quand nous gardions des Sakalaves, nous les laissions échapper exprès. Mais c'étaient toujours les Kabyles qui voulaient couper. Il y en avait un grand qui abattait les têtes d'un seul coup. Ensuite, il nous les donnait à planter, au bord du camp, sur des pieux. Nous autres, les Issas, nous avions envie de couper, nous aussi. Nous avons réclamé, et l'adjudant a dit : « Vous couperez à votre tour... » Mais moi, j'étais le plus jeune, et jamais on ne m'a laissé faire. Alors, quand la campagne a été finie, j'ai quitté le régiment. J'ai voulu revenir ici.

L'histoire de Taër enchante la compagnie. Tout le monde crie :

— C'est lui qui a gagné les cartouches !

Je lui donne le paquet de douilles en cuivre pour obéir à la volonté générale. Ne dit-on pas que la voix du peuple, c'est la Voix de Dieu ?

Et Oualdé-Mariam n'a pas le temps de réclamer, car le camp entier est debout. Ce sont nos chasseurs qui reviennent de leur battue. Ils rapportent trois antilopes, neuf dig-digs, deux outardes, un renard, un sanglier, trois lièvres. En une seconde, les alentours du camp sont souillés par l'énorme égorgement de toutes ces bêtes que l'on éventre, que l'on étripe. Les mulets et les chevaux, ramenés de la pâture au premier allongement des ombres, flairent avec inquiétude du côté de ce champ de carnage. Une fois de plus, le sable de Bioh-Cabauba boit avec volupté le sang qui ruisselle.

II

MON PREMIER LÉOPARD

Sur le ruban de piste, à une centaine de mètres de notre troupe, l'Abyssin qui marchait en tête du convoi signale un petit parti de gens armés. Ils semblaient se glisser au travers du chemin avec précaution. Le soleil de sept heures était gai sur nos têtes ; tout le paysage illuminé de clarté matinale. Ce n'étaient point là des coupeurs de route ; des chasseurs sans doute qui traquaient quelque gros gibier. Je fis donc arrêter les mulets pour ne point déranger ces gens dans la battue, et je mis pied à terre pour demander une place à leurs côtés.

L'homme qui menait la compagnie était un petit propriétaire des environs. Des favoris de coupe diplomatique encadraient sa figure régulière et dure de paysan et faisaient le plus singulier effet autour de son visage noir.

En deux mots il m'expliqua la chose.

La nuit précédente, un léopard avait sauté l'enceinte de broussailles qui cerclait sa ferme. Devant la porte de sa propre case, ce bandit avait dévoré le chien de garde. On voulait venger une telle injure. Les traces fraîches du fauve se perdaient à un kilomètre des huttes, dans une jungle qui séparait la piste de la forêt. On avait des raisons de penser que le léopard était encore caché dans ces herbes. Le plan consistait à le rabattre du côté d'une clairière. On espérait le tirer à découvert tandis qu'il passerait de la jungle aux premiers buissons de mimosas.

Dans ce dessein, l'homme aux favoris diplomatiques avait mobilisé tout son entourage : sept ou huit serviteurs gallas, munis de lances ou de gourdins, quelques voisins porteurs du fusil de guerre italien qui s'est répandu en Abyssinie après Adoua. Lui-même, mon fermier, était armé d'une carabine Gras, et autour de sa ceinture, il étalait deux rangs de cartouches serrées. Il lança sur mon winchester un coup d'œil expert et il m'offrit à sa droite, au centre de la battue, une place d'honneur.

Cette jungle abyssine est formée d'une herbe folle que les indigènes nomment « simbalette ». Elle porte fréquemment ses vains épis à trois mètres de hauteur. Du sommet d'une montagne elle apparaît, ondulant à la surface des plaines infinies, comme du blé beauceron. C'est le repaire favori du léopard. Il se fait là un nid douillet. Il sait que le murmure des légers épis, foulés par les sabots d'un cheval ou écartés par l'approche d'un chasseur, l'avertira à temps. S'il veut fuir, il a l'art de se couler entre ces fétus mouvants sans seulement faire trembler leurs crêtes. S'il est en humeur d'attaquer, il sait qu'il entendra l'ennemi avant que l'ennemi le voie lui-même et qu'il pourra régler son bond d'attaque avant qu'un fusil le couche en joue.

La battue avançait donc avec ces précautions qu'ici j'ai vu prendre partout contre les bêtes, par ces gens d'un courage éblouissant. D'expérience ou de tradition, ils connaissent toutes les roueries du fauve. Ils prétendent ajouter la ruse à la bravoure pour ne pas changer de rôle dans la lutte et, de chasseurs, devenir gibiers. Seuls, les colibris, qui se balancent sur les épis de la simbalette, sans les faire plier, trahissent la marche de notre ligne déployée. Ils s'envolent sans peur afin de se reposer à quelques mètres en avant de nous — écume irisée de cette mer d'épis que la lumière du matin fait miroiter au-dessus de nos têtes.

Un signal des rabatteurs nous arrête court.

— Ils ont retrouvé la piste?

Les favoris diplomatiques semblent redoubler encore la satisfaction du chasseur noir.

— Le léopard n'est pas sorti de la jungle... Avançons...

J'avance en effet sur la pointe de mes souliers, ressemelés, pour étouffer le bruit des pas, avec des cordes d'espadrille. Vraiment, dans ce feu de la bataille, on n'a qu'une crainte : on ne songe pas que la bête, rasée comme un chat, tapie comme un lièvre, est là, peut-être à un mètre de vous, invisible, prête à vous sauter sur les épaules quand vous l'aurez maladroitement dépassée.

On pense seulement :

— Si le léopard allait s'échapper sur les flancs de la battue!... Si un autre que moi l'arrêtait de son coup de fusil!...

Cette émotion, je devais la connaître dans toute son angoisse. Brusquement, une clameur s'allume sur toute la ligne. Les gens qui marchaient courent; les bras s'élèvent au-dessus de la simbalette, brandissant les lances et les fusils. Le léopard est levé. Il a vu qu'il n'était pas le plus fort, il fuit devant la battue, du côté de la forêt.

— Mais où est-il, mon Dieu! où est-il?

L'homme aux favoris a autre chose à faire que de m'instruire. Je prends le parti de courir après lui. J'arrache avec une vigueur inconnue mes souliers aux pernicieuses simbalettes qui les lient, qui s'accrochent aux œillères du brodequin, et, pour protéger la batterie armée de mon winchester, je l'élève, moi aussi, au-dessus de ma tête, comme un nageur en pleine eau.

— Où est-il?... Là-bas !

Un cri de joie me répond.

Sûrement, c'est le fauve qui, dans une série de bonds successifs dont la jungle est culbutée, précipite sa fuite habile. Pas une fois, pourtant, son dos tacheté n'apparaît à la surface des épis. Nous sommes à une centaine de mètres de la clairière où il va déboucher. Je m'arrête. Je ne veux pas que l'essoufflement fasse dévier le coup. A cette distance, je suis sûr de ma carabine. J'épaule... du bout du canon je suis le remous d'herbes. J'attends... Maintenant...

Presque en même temps que le mien, quatre coups de feu roulent. Le léopard, qui, une seconde, vient de paraître sur le tapis d'herbes, s'arrête. Il creuse les reins. Il lève sá tête, dont nous devinons la grimace féroce ; puis, comme s'il avait repris des forces, il fait un bond, il entre dans la brousse.

A cette minute, j'ai eu de nouveau la gorge serrée. J'en ai tant perdu de bêtes percées de part en part, d'antilopes qui traînaient leurs cuisses cassées et qui, sous nos yeux, entraient dans la brousse inextricable, pour aller agoniser, loin du chasseur, sous la dent de la hyène, du chacal ou des chiens sauvages. Si celui-là allait faire comme les autres ! Si je n'allais pas pouvoir toucher son corps tiède et me dire :

— Bien sûr, je l'ai tué !

Derrière le fuyard, les serviteurs gallas se sont jetés avec leurs lances et avec leurs bâtons. Ils bondissent presque aussi vite que la bête blessée. Il y en a un qui, déjà, atteint la clairière. Il arrache son couteau de sa ceinture et, par le trou de fourré où le léopard s'est glissé, il disparaît dans les épines de mimosas.

Toute la ligne des chasseurs s'est arrêtée. Les

poitrines sont haletantes d'émotion et de la vivacité de notre course.

Dans le silence, la voix impérative du maître fermier s'élève :

— *Motoual?* (Est-il mort ?)

Il y a une minute de silence ; puis, au lointain, le Galla répond :

— *Tamtoual!* (Il est tué !)

On a une dignité de chasseur. Elle empêche, en pareil cas, de manifester bruyamment la joie. Chacun jette son fusil à l'épaule et l'on avance vers la clairière, comme des gendarmes qui viennent d'assister à une exécution et rentrent, très graves, à la caserne. Pourtant, chacun est curieux de savoir s'il retrouvera le trou de sa balle dans la peau tachetée. Et les amours-propres, masqués d'indifférence, sont en éveil.

Le léopard est lourd. Trois Gallas, qui sont venus à l'aide de leur camarade, le traînent péniblement hors du buisson où il vient d'agoniser. Le voici sur le flanc, sa longue queue molle, ses griffes rentrées, ses pattes allongées l'une sur l'autre, dans cette pose de douceur que la détente du sommeil apporte à la nervosité des félins. Je ne me trompais point : elle est bien voluptueuse, la sensation de la caresse sur cette peau ocellée qui glisse sous la main, fraîche — le vieux Thésaurus disait : « lubrique » — comme de l'eau.

— Où a-t-il été touché ?

Au côté droit, près de l'épine dorsale, à quelques centimètres de la nuque, le léopard a deux entrées de balle. Il me semble que je reconnais mon coup, derrière l'épaule, à cette déchirure atroce des balles explosibles qui désarticulent, qui éventrent. Au contraire, la blessure près de la nuque a l'aspect régulier d'une trouée de balle pleine.

J'aurais voulu faire transporter l'animal au camp pour le peser avant qu'on le dépéçât. Mais il n'y a pas un mulet ou un cheval qui accepterait sur son échine le poids de ce cadavre fauve. D'autre part, les rabatteurs ne se soucient point de porter le léopard jusqu'à la ferme ou jusqu'à mes tentes, au travers de l'océan de simbalette. On va donc dépouiller le cadavre sur place. Déjà, le Galla qui, le premier, s'est jeté dans le buisson a sorti son couteau :

— Qu'est-ce que tu fais, imbécile?

Au lieu de suivre avec précaution la ligne médiane du ventre, à cette place où la fourrure d'or se fait d'argent, s'étoile de taches noires, plus espacées, plus larges, le Galla vient d'enfoncer le couteau derrière l'épaule, dans le flanc droit de la bête, et, avec une rapidité déconcertante, il a rayé cette belle fourrure d'une balafre horizontale. De cette façon, la peau du ventre se détache tout entière et pend d'un seul côté. Ce simple n'a jamais entendu parler des belles peaux « naturalisées », où l'œil se rouvre, où la gueule bâille et mord. Il s'imagine que, comme un Abyssin, je vais m'habiller de ce trophée de chasse, draper le ventre sur ma poitrine, faire pendre les pattes sur mes épaules, traîner la queue derrière moi.

Du moins, ai-je eu la joie de retrouver, dans l'écrasement de l'épaule, au bout de la pointe du couteau, la balle blindée de mon winchester. L'autre morceau de plomb, le briseur de l'échine, sortait du fusil Gras. Les deux blessures étaient mortelles.

III

SI LE LION VENAIT?...

Il était cinq heures du soir. J'étais en selle depuis quatre heures du matin et la vue de cette eau fraîche qui courait, torrentielle, entre les bancs de sable et de galet me fit sourire comme la rencontre d'un ami. J'oubliai que j'avais pris les devants de la caravane pour suivre une bande de singes dont les fourrures me tentaient. Je fis, sur la plage de sable, un petit tas de mon casque, de mes guêtres, de mes souliers de chasse, de mes vêtements de kaki. Je posai mon fusil bien soigneusement sur le tout, en travers — et, sous l'oblique regard du soleil couchant, j'entrai dans l'eau.

Il fallait s'accrocher à des racines pour n'être pas emporté, tant la pente du courant était violente. Je recevais son ruissellement entre les deux épaules, dans un étouffement de spasme qui était une volupté. J'oubliais les singes, la courbature de l'étape, l'espérance prochaine du souper. Je n'étais que de la chair contente de se sentir douchée à la glace.

De la berge que je venais de quitter, une voix m'appela. Je vis mon cher ami Carette, le chasseur aimé de Dieu et des Issas. Sa figure et sa voix étaient sévères.

— A quoi pensez-vous ?

— Eh bien ! à me baigner...

— Vous n'y songez pas !

— Cela scandalise les voisins ?

Et je lui montrai les cynocéphales, qui, hors de portée de nos balles, circulaient sur des crêtes de rocher.

Mais mon camarade continua tout aussi sérieusement :

— Vous n'avez personne pour vous garder...
Vous êtes à cinquante mètres de votre fusil...
Que feriez-vous si le lion venait ?

— Le lion ?

— Oui, le lion... A cette place même, à cette
heure-ci, il y a six mois, les gens de Léontieff
en ont rencontré deux et tué un... Vous n'êtes
plus chez Bidel où les lions sont des messieurs
bien élevés qui donnent la patte.

Et tandis que, moitié sceptique, moitié pe-
naud — tel un jeune débardeur de commune
suburbaine surpris par le garde champêtre en
flagrant délit de natation et d'attentat à la
décence — je renfilais mes vêtements de kaki,
Carette continua :

— Quand vous serez à Addis-Ababa, vous
verrez que l'empereur a une garde particulière
composée d'hommes qui se coiffent avec la
crinière du lion mâle. Ils l'ont tué eux-mêmes.
Lorsqu'une occasion de guerre les groupe, ils
sont tout près de quinze cents. Et vous savez,
en Abyssinie, il n'y a pas encore de fabricants
clandestins de crinières artificielles !...

Quelques semaines plus tôt, à Berbera, j'avais reçu la visite d'un Somali qui a de la renommée tout le long de cette côte de l'Océan Indien. Il était venu me proposer une chasse dans l'intérieur. Il m'avait montré les traces terribles des coups de griffes dont ses épaules et son côté sont labourés. Encore aujourd'hui, ce demi-dieu de bronze dédaigne l'usage des fusils. Il va au lion à l'ancienne mode, c'est-à-dire avec une lance et un bouclier en cuir d'hippopotame. Il marche droit sur la bête. Il s'arc-boute pour recevoir le choc; au moment du contact, il soulève son bouclier de façon à couvrir sa tête et sa poitrine contre l'attaque de la gueule; il pousse sa lance en dessous, là où le sternum s'arrête au-dessus du ventre découvert.

Inutile de dire que l'homme est taillé en Hercule. Il affirme pourtant, et je le crois, que, dans ce duel, la force est moins utile que la présence d'esprit. Je ne vais pas jusqu'à ajouter une pleine foi à cette affirmation du Somali :

— Un enfant de seize ans qui n'aurait pas peur du lion aurait des chances d'en venir à bout.

Mon expérience des choses léonines, c'est que, dans la majorité des cas, la bête évite l'homme.

Il n'est pas un sanguinaire comme le léopard qui, lui, tue pour tuer, parce qu'une congestion de colère lui trouble le jugement à la vue de son ennemi. Il n'est pas même un batailleur. La force prodigieuse dont il est conscient enfante le calme. Il est un chasseur, un amateur de belles poursuites qui vous donnent de l'appétit avant la minute où l'on se met à la table. Ce n'est pas pour manger le cerf que, toute une journée, l'homme le chasse à cheval, derrière une meute de chiens. La « courre », sans plus, est une joie qui paie de toutes les fatigues. Ici, on ne touche même pas le gibier ; on se contente de lutter avec lui de ruse et d'endurance. C'est une force qui se mesure à une force, qui, cruellement, je le sais — mais telle est la loi des espèces —

jouit de sentir diminuer les chances de l'adversaire et les siennes croître.

J'y ai tant marché dans ces empreintes du lion qui croisaient notre route! Il me semble vraiment que j'ai reçu ses confidences de veneur passionné, qu'il a fini par me livrer non seulement les méthodes de son expérience, mais les causes de son plaisir. Je ne voudrais point, quand je retournerai là-bas, qu'il m'accusât d'avoir abusé de notre intimité, pour confier au public ce qu'il fait quand il se croit seul. Je décline d'avance toute responsabilité morale en cette affaire. Il ne faut pas, mes chers amis, quand on prend le chemin du torrent, de la forêt et de la jungle, se mettre mal avec le lion.

… Pendant les heures lentes ou le soleil, entre son lever et son coucher, incendie la brousse et la dune, il dort. Sa robe est du ton de la terre. Il ne se fie pourtant pas à l'éblouissement de la lumière pour le faire invisible dans un pli de terrain. Le plus épais des fourrés, le plus fourni d'épines, celui où l'on ne pourra pas se glisser sans frôler, sans écarter des branches dont le bruissement arriverait à l'oreille du dormeur, est, pendant cette longue méridienne, l'alcôve préférée.

La bête se réveille avec ce frisson de fraîcheur qui passe sur la terre à la minute précise où le soleil disparaît à l'horizon. Les membres s'étirent, les yeux clignotent ; ils ne s'ouvrent tout grands que dans les profondes ténèbres. Les verdures denses ne sont jamais très éloignées de l'eau. Le lion va boire. Il est encore lent et ensommeillé. La fraîcheur du torrent le réveille. Il est fréquent qu'à cette minute il donne de la voix. On dirait, dans le grand silence, un soupir qui s'échappe de la terre par quelque crevasse, un gémissement de cyclope au soupirail de sa prison.

La première fois qu'on l'entend, on demande :

— C'est l'heure de sa chasse ?... Pourquoi donc est-ce qu'il trahit ainsi sa présence et met tous les gibiers en fuite ?

C'est ce qu'il veut. Il rugit comme le piqueur sonne du cor. Il sait que les antilopes, déjà blotties dans les fourrés et dans la jungle, vont sauter sur leurs pattes nerveuses ; tout à l'heure il sentira leurs effluves ; il entendra les mille bruits de leur fuite. Il ne surprend pas son gibier au gîte. C'est un sport encore plus qu'un souper qu'il lui faut.

Lorsque, appelé par ce rugissement, vous accourez derrière lui, vous êtes tout d'abord déçu de constater que le roi de la chasse ne vous a pas attendu. Déjà il est loin. Il poursuit sa quête. Il avait rugi du côté de l'est. Patientez. Un nouveau rugissement va s'élever avant un quart d'heure. L'entendez-vous ? Il est passé au nord. Est-ce vous qu'il évite ?

Non, car le vent ne porte point de vous à lui. Il est passé au nord, et tout à l'heure il sera à l'ouest, puis au midi. C'est sa coutume. Soit autour du point d'eau où il a bu, soit autour de son alcôve épineuse, il décrit, avant de se lancer dans une poursuite, un cercle à peu près parfait. Qu'est-ce, pour l'intrépide marcheur qu'il est, qu'une circonférence d'une lieue ? Il convient, avant de foncer, de choisir son

gibier du jour, son plat du soir. Sa fantaisie
va d'une courre à l'autre, d'une chair à l'autre.

Nous qui marchons dans ses traces, nous voyons qu'il s'est arrêté, chaque fois que, sur son
trajet circulaire, il a rencontré des empreintes,
fuyant dans tous les sens, comme les rayons
de la roue que sa promenade dessine. Il n'hésite pas longtemps, car son flair est sûr et,
d'ailleurs, même tenté, il est fidèle à ses principes. Il ne faut pas choisir sur la liste le premier service qui vous plaît, mais bien lire la
carte tout entière. Il le sait, de reste : ses jarrets sont les plus solides de tous, sa poitrine
la plus profonde ; si la partie doit finir par une
lutte de vitesse, c'est à lui que restera la victoire.

Il ferme donc, en paix, son cercle de quête.
Le voilà renseigné. Sur quelle piste sa fantaisie
va-t-elle le jeter ?

Il y a des soirs où l'on aime à tomber comme
la foudre dans un parti d'innocentes gazelles.
Leur épouvante moutonnière les jette les unes
contre les autres. Elles se barrent la route,

elles se culbutent pour fuir. Le saut planant que le maître de la forêt fera au milieu d'elles, les quatre pattes écartées, lui permettra, s'il veut, d'abattre à droite et à gauche dans un seul choc.

Il y a des soirs où l'on a envie de se jeter derrière le galop du zèbre, de franchir après lui les ravines, les banquettes de mimosas, de voir la distance fondre d'une seconde à l'autre, le bond dévorant la foulée.

Il y a des soirs de colère où l'on veut la lutte et ses risques. Alors, c'est sur la piste de l'oryx que le lion s'élance. Celle-ci ne fuira pas à bout d'haleine. Une résolution brusque la fera se retourner, sur le terrain choisi par elle pour le duel. Soudain le fauve verra devant soi le tragique visage de cette bête d'apocalypse, licorne au masque d'arlequin, armée pour des assauts sans merci. Et, quelques secondes, ils se considéreront, avant de se heurter pour vaincre ou pour mourir.

Les musées d'armures n'ont pas d'épées si longues, si meurtrières que ces cornes de l'oryx.

Les peignes de fer dont les bourreaux rayaient les chairs des suppliciés n'étaient ni si crochus ni si aiguisés que ces griffes de lion. La partie est superbe parce qu'elle est égale. Le vainqueur a juste le temps de triompher. Une fois sur deux il meurt de ses blessures.

Le lion sait qu'il lui faut ici ajouter la ruse à la force. Il aime à surprendre l'oryx avant qu'elle soit en garde. Un hasard de buissons qui le masquaient, de sable qui lui a permis d'approcher à pas de velours, s'est fait son complice. Il a été patient, malgré son ivresse. Nous qui relevons ses traces, depuis un quart d'heure nous suivons sa marche à plat ventre. Il haletait. Ses griffes étaient ouvertes comme des mains. Il s'étranglait pour étouffer le rugissement de désir qui s'enflait en lui, qui montait à sa gorge. Enfin, c'était la bonne distance. Il a bondi. Il est tombé sur le garrot, il a coupé la carotide avant que la tête héraldique ait eu le temps de se renverser dans la douleur et de lui enfoncer, à la renverse, entre les épaules, les pointes de la paire d'épées.

L'agonie a été courte et sans sursaut de défense. Conformément à son habitude, le vainqueur n'a pas touché à la chair. Il a bu jusqu'à l'épuisement la fontaine de sang qu'il avait fait jaillir. Il a bu jusqu'à l'ivresse titubante. Et puis, saoul de sang et de gloire, il est allé chercher un lit.

Il y va dormir jusqu'au premier rayon d'aurore, pesant, cette fois, gorgé, sans rêve, exposé lui-même à la surprise, si la forêt enfermait un être plus fort que lui, si les yeux de l'homme étaient, comme les siens, des vrilles de lumière qui dissipent les ténèbres en les fixant. Comme le sang est salé, au réveil, il aura soif. Il se lèvera, il ira boire au plus proche point d'eau. Ensuite, il retournera se coucher.

Le verrons-nous ?

Il y faut deux conditions, dont l'accord est rare : que l'aurore se lève dans le dos du chasseur ; que la brise matinale souffle derrière le lion.

IV

LE PIÈGE A HYÈNE

... Vite le cœur s'habitue aux périls de la route, ceux qui viennent de la nature, des bêtes, des hommes. Du coucher du soleil à l'aurore, on marche, insouciant, dans des forêts où chaque pas peut cacher un piège. Jamais on ne s'habitue à l'immense silence qui pèse sur les camps au repos, dans la solitude nocturne.

Derrière le fragile rempart de toile, on ne compte ni sur la vigilance des sentinelles, ni sur les fusils, ni sur les feux. Une oreille reste au guet dans le sommeil le plus profond. Les bruits indistincts, elle les perçoit. Vous entendez l'homme qui, d'un long accroupissement près du brasier, se lève pour éviter que le sommeil le gagne. Vous distinguez le soupir du soldat que le descendant de garde va réveiller dans une autre tente, et qui, lentement, s'étire avant de se dresser sur ses pieds. Surtout vous écoutez les pas de ce qui, autour du camp, rôde avec inquiétude ou convoitise.

Dieu! ces pas qui rentrent leurs griffes pour éviter le froissement du sable ou des pierres, qui se veloutent sur l'herbe grasse, qui, somnambules, circulent entre la nuit et la proie. Pour longtemps ils laissent leurs traces dans l'attention, lasse de les avoir épiés. C'est comme un mystérieux rouleau de musique, percé à l'emporte-pièce, pour moduler des airs d'inquiétude, et qui, mécanique, monotone, se dévide, dans la demi-conscience du rêve.

Soudain, au-dessus de cet accompagnement en sourdine, le redoutable appel s'élève. Vous vous levez d'un bond. Vous demandez, avec un mélange de frisson et de joie :

— C'est lui !

Car c'est au gibier à la grande crinière que toujours rêve le chasseur.

Ce n'est pas « l'embassa », le lion : c'est la hyène. Non la petite bête, maigre comme un louveteau, que promènent les ménageries foraines, mais la grande hyène abyssine qui, au garrot, a un mètre ; si audacieuse qu'en plein jour elle attaque une caravane, bondit du fourré, emporte d'un seul coup de mâchoire la moitié d'un mulet. Son cri n'a point d'équivalent dans la gamme des hurlements nocturnes. C'est un sanglot. Prudente comme elle est, il lui jaillit irrésistiblement du gosier lorsque enfin elle a découvert la piste de sa proie. C'est comme un spasme de volupté, un râle d'espoir. Elle oublie en une seconde toutes ses précautions d'arlequin masqué, glissant à pas de pantomime. Elle avoue son rut de faim, sa certitude de possession, car la chair qu'elle a flairée est de la viande morte, un cadavre, qui ne se relèvera pas pour fuir. Il s'agit seulement d'arriver avant que d'autres aient fait la curée, happé avec leurs gueules avides les morceaux délicats.

Vous saisissez votre fusil, vous sortez de la tente. Il n'y a pas de lune, pas d'étoiles ; pourtant une clarté douteuse cercle l'horizon entre les trouées de la brousse. Aussitôt le sanglot s'éteint. Là-bas, sous les mimosas, une ombre imperceptible s'éloigne. Vous distinguez le mouvement plus que la silhouette. Vous pouvez la mettre en joue si cela vous amuse de faire crouler le silence sous cette secousse terrible : un coup de feu dans la nuit. Vous ne tuerez pas. Ils donnent un peu à rire aux gens de la route, ces professionnels de la jungle qui, au bout de leur carabine, ont des guidons de diamant. A cent mètres dans l'obscurité, la balle qui touche est aussi rare que le bon billet qui gagne. Donc, très vite, on se blase sur les émotions de cette alerte et sur les espérances de cette chasse. On demeure sur le lit de camp roulé dans sa couverture, avec la joie de penser que l'aurore est loin encore, que les membres raidis peuvent continuer de s'allonger. Même on ne permet plus aux yeux de s'ouvrir, à l'ouïe de se tendre. Pour celui qui est dans la route, le sanglot de la hyène devient quelque chose de connu, d'attendu, d'indifférent, tel le roulement de la première voiture de laitier qui, sous votre fenêtre, passe dans la rue déserte.

La louche rôdeuse escompte ce mépris. Son audace croît avec l'impunité. Elle finit par traverser le camp entre les tentes.

Une nuit, elle vint nous dévorer une bête à quelques pas de la sentinelle.

Vers une heure du matin, l'éclatement d'une cartouche de fusil Gras avait mis tout le monde sur pied :

— Qu'est-ce qui se passe?

Je n'ai jamais rien vu de plus piteux que la figure d'Oualdé-Mascal, qui venait de presser cette bruyante gâchette — un bon chasseur, pourtant! — Énervé de sa garde, trompé par les ténèbres opaques, soudain, à dix mètres de soi, il avait vu se lever une bête énorme. Il avait marché sur elle, et tiré, presque à bout portant.

C'était un âne! Notre âne, l'unique âne de

la caravane, un âne d'Égypte, jadis donné à l'un de nous par le Ras Makonnen. Il avait gagné ses invalides; il ne portait pas de cantines, mais seulement un jeune boy nègre qui, tantôt le traînait sur ses talons, tantôt escaladait sa haute échine.

Le pauvre Aliboron s'était désentravé sans qu'on y prît garde. Il était allé se coucher au milieu de la simbalette, pour tondre plusieurs fois la largeur de sa langue dans le gazon frais. La balle lui avait traversé les poumons. Il était tombé foudroyé, sans un « hi-han ! » d'adieu à ses amis.

Sa mort ne nous appauvrissait guère. On alla donc se coucher avec un fou rire, tandis qu'Oualdé-Mascal baissait la tête, et que, tout seul, Atalafi, le petit boy noir, pleurait son compagnon.

Trois heures plus tard, c'était le jour, la chute des tentes, la remontée en selle. J'eus la curiosité de faire quelques pas hors du camp pour juger du ravage que la balle avait fait dans l'épaule du bourricot.

Il n'y avait plus d'âne sur la place ensan-
glantée. La hyène était venue le prendre, encore
chaud. Elle l'avait traîné un peu plus loin. Elle
lui avait mangé le ventre, les entrailles, les
naseaux, les oreilles, les yeux, toutes les parties molles; puis elle s'était attachée aux
grosses pièces. Elle avait désarticulé les cuisses
et les épaules, éparpillé tout cela sur le gazon.
Sans doute les chacals lui avaient prêté secours
pour en finir, car, déjà, les canons ne tenaient
plus aux jointures des genoux; elle-même,
l'épine dorsale était nue et nettoyée. Seule, la
peau, toute souillée de bave, traînait à terre
comme un peignoir dont on s'est essuyé au
sortir du bain. Et les dents semblaient rire,
désormais découvertes de leurs lèvres, d'un
rire affreux, un rire d'âne, blanchi par la
mort.

A présent, c'était le tour des chiens, achar-
nés sur ces derniers reliefs, qui grondaient,
pour tenir en respect les vautours.

Atalafi, les yeux pleins de larmes, leur jeta
des pierres à tous avant de s'en aller.

Pour le consoler, je lui dis :

— Ce soir, nous tuerons une hyène au piège.

Il y a au fond de tout homme — primitif ou civilisé — un goût féroce pour l'affût. Ici, cette passion s'explique plus qu'ailleurs : c'est quotidiennement que, sans l'apercevoir, l'on passe à deux pas d'une bête qui se rase. Puis, dans l'occasion, la supercherie a un côté comique : c'est la gloutonnerie de la hyène, sa voracité haletante, son immonde goinfrerie qui la perdent. On sait qu'en faisant mûrir une charogne, on la tentera comme un buveur avec un broc de vin. Et cela donne à la surprise du piège on ne sait quelle couleur de châtiment mérité.

Ce même soir, lorsque les tentes furent dressées, nous fîmes le tour du camp pour choisir, dans un étroit rayon, un emplacement favorable. Il y fallait un buisson un peu détaché du fourré, de telle façon que la rôdeuse pût s'approcher de nous sans inquiétude et, au dernier moment, s'orienter dans la direction nécessaire, fatalement guidée vers l'appât par son flair médiocre. Là, comme partout, les mimosas abondaient. On fit choix d'un arbre jeune et bien entouré de broussailles ; pour épaissir encore ce fourré selon nos commodités, les hommes allèrent dans le voisinage couper quelques branches drues et bien hérissées d'épines. Puis, Oualdé-Mascal, qui croyait avoir à se venger personnellement sur les hyènes en général de sa récente erreur, apporta lui-même un fusil Gras. On fixa la crosse de l'arme avec un lien un peu lâche, au pied du mimosa. Une fourche de bois soutint le canon à environ soixante-dix centimètres du sol, de façon à faire le nez à nez avec le museau de la hyène quand elle se présenterait. Enfin, une corde résistante, bien souple, entourait la gâchette et, elle aussi, presque tendue, s'attachait au pied du mimosa. A supposer que la bête vînt saisir l'arme par le bout du canon, la plus légère secousse appuierait cette cordelette sur la détente, ferait jaillir le coup. Deux ou trois répétitions de cette cause et de cet effet nous ayant donné les meilleurs résultats du monde, on introduisit dans le fusil une cartouche bien choisie.

Mais le proverbe qui veut qu'on ne prenne pas les mouches avec du vinaigre et les poissons sans asticots allait se vérifier une fois de plus. On apporta donc un bas morceau d'antilope que, depuis plusieurs jours, nos hommes avaient fait pourrir au soleil. L'odeur en était si repoussante que je commençai par reculer. Oualdé-Mascal n'était pas incommodé d'une telle délicatesse. Il enveloppa soigneusement tout le haut du canon avec les lambeaux de cette chair décomposée. Le bout du fusil, chargé de viande ficelée, ressemblait maintenant à on ne sait quelle étrange andouille, braquée hors du buisson d'épines.

Oualdé-Mascal voulut-il embellir encore cette apparence, perfectionner le travail de ses mains? Je ne saurais, en tout cas, attribuer à la gourmandise l'acte répugnant qu'il accomplit alors. Il se mit à genoux à l'orifice du canon, et, tranquillement, commença de mâcher la viande, à l'enduire de salive, jusqu'à ce qu'elle prit l'aspect d'un sucre d'orge qu'un écolier a sucé.

Le piège était dressé. Nous n'avions plus qu'à laisser la charogne puer et la hyène y venir.

Nous attendîmes moins d'une heure. La chute rapide de la lumière avait, presque sans transition, fait passer le camp du jour aux ténèbres. Contrairement à l'usage, aucun sanglot rôdeur, promené dans l'obscurité, ne nous avertit de l'approche du fauve. Sans doute, il voyait le camp encore plein de remuements, et, incapable de maîtriser sa convoitise, du moins il étranglait son râle.

Les boys venaient de servir le café quand le coup de feu éclata.

Ce fut un tumulte de joie. Abandonnant leurs postes, les sentinelles coururent toutes les premières du côté du mimosa. Nous les suivions de près.

La hyène était sur le flanc; la mâchoire inférieure pendait, fracassée. Une convulsion frottait encore l'une contre l'autre ses pattes de derrière. La gueule baignait dans une sanglante écume. Quelqu'un l'acheva, moins par pitié que pour le plaisir de faire parler la poudre. Alors, je commandai qu'on la portât devant ma tente, et, tandis que les boys élevaient des « fanous » afin d'éclairer le cadavre, je rédigeai pour mon carnet de chasse le procès-verbal du décès.

Je le recopie tel quel :

« Hyène mâle tuée au piège, à Laghardine, le 2 février 1901.

» Hauteur au garrot : quatre-vingt-dix-sept centimètres.

» Le museau est noir. Elle boit dans son noir. Ce masque lui monte exactement jusque sous les yeux. Sur le front, le poil noir se mêle discrètement et régulièrement aux poils gris et fauves. Même apparence pour le manteau. La coloration gris fauve très légèrement rompue de poils noirs persiste jusqu'à la moitié de la colonne vertébrale. C'est seulement en arrière des épaules que commencent les touffes d'un noir mat, plantées sans symétrie de dispersion.

ni régularité de dessin. Elles vont se multipliant dans la deuxième partie du corps, jusqu'à la queue què termine un balai marron noir.

» Sur les pattes, même semis de taches noires, mais plus pressées, plus serrées, sur les cuisses et sur les épaules,

» Le caractère de la tête oscille entre l'ours et le renard. Les oreilles, extérieurement fauves, pâles en dedans, sont très poilues, écartées, découpées en entonnoir. L'œil, profondément enfoncé sous l'arcade sourcilière, a l'aspect de la fourberie. L'apparence générale de l'animal est incertaine, louche, ignoble, fuyante, sans personnalité distincte. Les muscles du tour du cou, des avant-bras et des épaules, ont une puissance qui terrifie. L'arrière-train est bas. Celle-ci est bâtie pour s'arc-bouter et déchirer la viande inerte. C'est une bête de recul. »

V

LE MANGEUR DE SERPENTS

Un joli matin d'Afrique. La lumière transparente des montagnes recule indéfiniment les lointains. La forêt où, depuis plusieurs jours, nous marchons, s'est écartée. A la gauche de la piste, l'océan de sombres thuyas barre l'horizon comme des pins alpestres. On avance en pleine clarté, entre des jungles que l'incendie a moissonnées et qui repartent de terre avec une verdeur menteuse de jeune blé.

Notre petite troupe s'est égaillée sur deux ou trois cents mètres ; le gros des bagages avance lentement, au pas des bêtes de charge. Nous trois, nous avons pris les devants, au grand trot, pour surprendre le gibier avant que les cris des muletiers, les braiements de leurs aliborons, les clochettes des juments, le remous d'un bataillon en marche, aient fait dresser les oreilles à la bête sauvage et gâté la chasse.

Un des passe-temps favoris de ces matins clairs, c'est le tir aux oiseaux de proie. Cuirassés comme ils sont, le plomb ne les inquiète guère. C'est à balle qu'il faut les atteindre. Nous épaulons à la minute maladroite de l'enlèvement, ou lorsque, montés à leur commodité de vol, ils commencent de tracer dans l'air ces cercles réguliers, dont on peut prévoir la courbe, viser la circonférence, à loisir, en attendant que l'oiseau passe au point choisi.

Les balles perdues dans ce sport délicat paient bon marché la leçon dont on profite. Aussi bien, la difficulté extrême de la chasse abyssine, c'est l'appréciation des distances et, par suite, le règlement des hausses. Les oiseaux de proie, presque tous si sombres, découpés en lignes si nettes sur le fond transparent du ciel, sont des cibles remuantes qui exercent le jugement de l'œil.

J'avançais, à l'amble des mules, causant avec mon porte-carabine, le chasseur d'éléphants Djimma. Soudain, un coup de rênes assit sur ses jarrets la monture de mon compagnon ; en même temps, son doigt s'étendait par-dessus les hautes oreilles, avec un mouvement ralenti par la crainte d'effrayer le gibier.

Déjà je suis à bas.

— Où cela, Djimma ?

Sur la branche cannelée d'un euphorbe-candélabre, j'aperçois un grand oiseau. Il me fait face et me guette. L'arrêt des mules l'a troublé. Mon saut à terre a précisé sa décision. Il soulève ses ailes... Il n'a pas le temps de les ouvrir... Pan !... La balle blindée de mon winchester l'atteint au milieu de son ventre blanc. Lourdement, il tombe au pied de l'euphorbe ; il essaie de se relever ; il se renverse sur le dos. Il ne peut plus se redresser. Il agonise ; mais il m'attend, l'œil grand ouvert, les serres préparées.

Djimma a le petit rire silencieux qui remonte jusqu'à la tempe et fait osciller son unique boucle d'oreille :

— C'est bien, dit-il, en mettant à son tour pied à terre. Vous allez y voir plus clair qu'avant et mieux entendre qu'autrefois ; mais vous passerez une méchante nuit.

— Pourquoi, Djimma ?

— Vous venez de tuer un mauvais ange... le gueddi... l'aigle mangeur de serpents.

Je sais que le vieux culte de la Bête qui sortit en rampant du Paradis terrestre continue de circuler obscurément dans l'orthodoxie abyssine, et je ne prête pas autrement attention au propos de mon carabinier. C'est vers l'aigle que j'ai hâte de courir.

J'ai tué, sur les bords de l'Aouache, le marabout dont les femmes de chez nous se disputent les plumes : j'ai poursuivi l'autruche sur le territoire des Carayou, je n'ai rien vu de si éblouissant, de si pareil à une nuée, à un surplis d'archange, que ce ventre de l'oiseau maudit.

Il darde vers nous les trois doigts et les pouces acérés de ses deux griffes, longues de trois centimètres. Son envergure atteint un mètre cinquante, son manteau est brun foncé. Les ailes, éployées par terre, ont le dessous gris, strié et bordé de brun. A l'endroit, les longues pennes sont brunes et blanches, marquées, elles aussi, de stries légères. La queue, caractéristiquement courte, est d'un brun fauve. Le bec, où Djimma vient d'enfoncer la baguette de son fusil, a trois centimètres de long ; la bouche en accuse cinq de profondeur, quatre de large.

Nous sommes les plus forts. L'oiseau ne lutte plus, mais il nous regarde. La pupille fauve, merveilleusement ronde de son œil, est cerclée d'un iris bleu. L'expression en est plus qu'humaine ; et, si près de la mort, elle brille avec une vivacité qui gêne. J'ai vu se fermer des yeux d'êtres muets où l'on sentait que la tendresse et les larmes avaient passé. Des hauteurs où planait celui-ci, il n'a jamais guetté que des proies dangereuses. Une vigilance satanique fait rouler cette pupille de feu, sans souci du soleil ni des meurtriers, jusqu'à la minute où le lait de l'agonie l'envahit, la trouble, la fait opaque... L'œil est fermé, je crois le voir encore qui me fixe.

Nous laissons le mort sur la terre, nous retournons à nos montures. Comme j'enfourche la mienne, je sens passer sur moi une ombre qui glisse. Le gueddi serait-il ressuscité ?

— Qu'est-ce encore, Djimma ?...

— Regarde ! un autre gueddi !... Il vient de faire un rond par-dessus ta tête... Son ombre a couvert le mulet... A présent ton mulet va mourir !

— En tout cas, ce gueddi-là va sûrement mourir, Djimma !... Vois un peu ce qui lui arrive !

Au milieu du chemin, mon ami Carette, le bon chasseur, est debout. Il met en joue sa Lee-Metford, qui ne s'incline guère en vain. Il guette l'arrivée du second aigle au point du cercle où il a décidé de le culbuter... L'oiseau approche... Mais tirez donc !... Pan ! C'est

comme si une main redoutable arrêtait lé formidable oiseau, et, net, luî brisait l'échine.
L'élan horizontal s'arrête. Le corps inerte tombe
de l'air bleu à nos pieds. La mort a été foudroyante.

C'est la femelle que notre camarade vient
d'abattre. Elle chassait avec son mâle, elle
avait entendu le premier coup de feu, et, en
bête de guerre elle est venue aux nouvelles...
Comme c'est la règle parmi les oiseaux de
proie, elle a plus de taille que son compagnon. Je passe la main sur son ventre de
neige pour voir si, sous la plume, il est,
comme la poitrine du mâle, ici et là moucheté
de fauve. Je sens un objet dur et rond qui
tend le ventre encore chaud :

— Carette ! qu'est-ce qu'elle a avalé ?

— Peut-être un serpent...

— Il faut voir !... Vite, un couteau !

Ce n'est pas un serpent : c'est un œuf, presque rond, un œuf unique, prêt pour la ponte,
que la femelle du gueddi cachait sous sa plume.

— Que va-t-on en faire ?

— Le manger, parbleu !... On n'a pas tous les jours l'occasion de goûter à un œuf d'aigle...

— Qui tombe du ciel sans se casser...

La halte du déjeuner est à trois heures de là, en face du lac Tchercher. Et, certes, l'œuf du Mangeur-de-serpents est inscrit en tête du menu. On a épié une montre à secondes pour le saisir dans l'eau chaude sans qu'il durcît. L'un comme l'autre, nous devons y tremper une mouillette.

Au moment d'attaquer, Carette mollit :

— Eh bien ! je ne sais si vous êtes comme moi, mais cet œuf de gueddi ne me dit rien qui vaille.

— Que lui reprochez-vous ?

— Il a trop de jaune...

— Sans façon, mon ami !

Et je gobe l'œuf du mangeur de serpents. Il a, sur les œufs de poule qu'on nous vend ici, là, l'avantage d'être frais à miracle.

... Une heure et demie. Il ne faut point s'oublier à table. J'ai commandé à Djimma de m'amener mon mulet. Avant d'aller battre le fourré où, dernièrement, trois indigènes ont tué le lion, je voudrais m'approcher du bord du lac.

— Pour quoi faire ?

— Pour le photographier sous le soleil oblique.

— Vous savez ce que nous ont dit les gens de Couni-Boroma ?...

— Que les canards ne se laisseront pas approcher...

— ...Et que, depuis un an, l'eau s'est retirée, découvrant un marais où l'on s'englue... Des maladroits ont disparu dans cette boue..

— J'ai un guide.

— Qui donc ?

— Un riverain du lac... Il vient de s'offrir...

— Je voudrais le voir.

— Appelez-le.

L'homme avance, étroitement enveloppé dans ses guenilles. Elles ont la couleur du marais interdit. Il s'en drape jusque sous les orbites ; il s'en enveloppe la tête. Derrière ces loques, il bredouille quelque chose. Il sait un chemin pour passer entre les roseaux, pour atteindre la pointe du lac.

— Vous voyez, mon cher ?

— Soit. Moi, je vais tout de suite gagner la forêt. Vous me rejoindrez quand le cœur vous en dira.

... Il miroite merveilleusement au soleil, le lac Tchercher, dans sa ceinture de roseaux. Avec la jumelle, j'aperçois des milliers de canards, de bécassines, de macreuses et d'oies sauvages qui s'ébattent à fleur d'eau. Je parie qu'après avoir photographié le décor je pourrai prendre des mains de Djimma mon fusil de chasse et jeter un peu de plomb dans ces parties de nage. Je n'ai pas de chien pour rapporter les morts, mais cet indigène qui précède ma mule se mettra bien à l'eau pour aller recueillir mon gibier... Comme il marche curieusement sur les roseaux ! Ils ont l'air de se courber d'eux-mêmes sous ses pieds. Et ma mule pose son sabot avec adresse sur ces passerelles improvisées. Vraiment elle est habile, ma bonne mule ! Elle marcherait sur l'eau, elle aussi ! Elle...

... Je ne connais point de mots pour traduire cette sensation foudroyante : le sol qui s'effondre sous le cavalier ; quelque chose qui n'est ni la terre ni l'eau, mais un poids vivant, gluant, opaque, qui vous enlize, qui vous écrase la poitrine, qui monte, mon Dieu ! qui, monte, qui va vous emplir la bouche, vous fermer les yeux...

...Djimma m'a dit, après le sauvetage, que j'avais pu me dépêtrer à temps des étriers, mettre un pied sur la selle, saisir la main qu'il me tendait... Peut-être bien. Je sais seulement que je grelotte, que la vase coule de moi et que mon bras me fait un mal affreux.

— Tu me l'as cassé, Djimma !...

— Non. C'est la mule. Elle a rué en se débattant... Elle t'a frappé. Tiens... là...

Je suis touché à l'avant-bras et déjà l'enflure commence...

... J'ai fait dresser mon lit de camp sous la tente et piquer le membre blessé à la morphine. Il faudra repartir demain, au petit jour ; cinq ou six heures de selle avec le bras en bandoulière...

La nuit est venue, prompte, sans crépuscule. Et, comme à l'ordinaire, quand j'ai ce
poison dans les veines, l'acuïté de mon ouïe se
développe jusqu'au prodige.

Derrière la toile, à une douzaine de mètres
de mon lit, sans doute auprès du feu, Carette
et Djimma causent. J'entends distinctement
leurs paroles.

Mon ami dit :

— C'est pourtant vrai que toute la journée
j'ai été berné par d'étranges illusions ! Je voyais
remuer à côté de moi les herbes de la jungle
et, sans y prendre trop garde, je pensais :
« C'est le chien du chef muletier... » Au moment où je touchais la limite de la forêt, le
chien qui, depuis un quart d'heure, marchait
à côté de moi, a bondi dans le fourré... C'était
un léopard ! Je l'ai vu passer dans un éclair...

Il y a un silence sans un froissement de
chammas, sans un murmure des souffles.

Puis Djimma dit :

— Avez-vous regardé l'homme qui a guidé
le mulet dans le trou ? Il avançait sur les

roseaux sans les seulement faire plier... Je vous dis qu'il aurait marché sur l'eau ! Il venait d'une mauvaise part, voyez-vous !... J'ai senti cela quand je l'ai injurié et quand il a ri... Il m'a regardé, lui aussi, avec un œil tout rond... fixe... Et, en s'éloignant, il levait les bras sous sa chamma... de cette façon-là... comme des ailes...

VI

EN SELLE MADAME !

On a décidé de passer toute la journée à Tchoba.

Le prétexte : la montée d'hier a été rude pour les mulets et pour les chameaux. Le motif de derrière nos casques : au coucher du soleil, des Gallas sont venus annoncer que ces montagnes boisées cachent, dans leurs plis verts, des antilopes « doukoula » et, tout en haut, vers le sommet, d'énormes sangliers.

Phacochœrus Ethiopicus. Rowland Ward qui loge ce camarade chez les Swahilis, les Basutos, les Zoulous, les gens du lac Ngami et dans quelques régions du pays boer, dit que sa rencontre est fâcheuse « parce qu'il a un mauvais caractère et qu'il est bien armé ». *(It is well armed and possesses a bad temper.)* Jugez-en plutôt : le capitaine Ralph Berners a tué à Annesley-Bay un de ces phacochères dont les défenses atteignaient *soixante-dix centimètres*, mesurées, bien entendu, en dehors de l'incurvation.

Je me mettrais volontiers à la recherche d'un de ces beaux monstres. Je ne suis que de moitié dans le trépas d'un de leurs camarades qui a été tué en pays issa. Mon camarade Carette en avait, comme toujours, la part importante. Je voudrais ma hure à moi tout seul. C'est un point d'honneur de glorieux. Mais mon gueux de pouce n'est pas en humeur de chasse. Il s'est retourné dans une descente par quarante-cinq degrés sur une pente de pierres. J'ai peur de ne pouvoir tenir un fusil, demain...

... J'ai passé la première partie de la matinée à lire dans un vieux livre relié en peau, qui est le fond de ma bibliothèque de route, la relation d'un voyage en Abyssinie, qu'un Jésuite portugais, le R. P. Jérôme Lobo, fit, à la petite pointe du xviie siècle.

C'est une merveille de voir comme trois cents années, si pleines ailleurs d'inquiétudes, de convulsions et de progrès, ont pu passer sur ces gens de la brousse, du désert, de la montagne, sans modifier un rite de leurs coutumes. Je me délecte dans ce tête-à-tête avec le Père. Après de longues abstinences de livres, les promenades sans fin dans ces paysages démesurés, le besoin de la pensée écrite, de cette muette conversation avec une autre âme qui s'appelle « la lecture », revient impérieux comme la faim de pain.

... Midi. Mon garde du corps Djimma m'arrive flanqué d'une mule et d'un adolescent. Le mulet est la monture qui porta le pauvre prince Henri, à son dernier voyage ; l'adolescent est un jeune Galla qui s'est proposé hier soir pour me montrer le chemin des sangliers.

Une charmante·statuette de bronze florentin. cet enfant, si svelte, si mince, si large d'épaules, qui, nu jusqu'à la ceinture, marche devant ma mule, appuyé sur son bâton. C'est la cinquième ou sixième édition vivante que je vois dans ce pays-ci du jeune *David à la fronde*.

Sur ses pas, nous gravissons une montagne presque verticale. Djimma, qui porte le winchester, un muletier, que j'ai chargé du fusil de chasse, soufflent derrière ma bête, malgré leur entraînement. Et l'on monte, l'on monte, pendant une heure et demie entre des alternances de brûlures et de frissons, de nuages et de soleil.

Je lisais, ce matin, dans la *Relation historique* du bon Père Lobo :

« Il semble que tout ce pays abyssin ne soit qu'un parterre fait pour réjouir la vue, tant la variété y est grande. Les forêts n'y ont rien d'affreux, ni de sauvage, et l'on dirait qu'on ne les a plantées que pour donner l'ombre et le frais. Je doute que les peintres se soient encore formé des idées de paysages aussi beaux que ceux que j'ai vus. »

Cette impression artificielle de jardin qui charmait le missionnaire, je l'éprouve à mon tour, sur cette montagne de Tchoba. Invariablement, la prairie découverte et gaiement verdissante, étalée à chaque étage, est plantée de bosquets — j'ai envie de dire de « massifs » d'arbres — qui imposent et renouvellent l'illusion d'un parc anglais.

La main de l'homme — on le devine — n'intervient pas dans le dessin de ces pelouses et de leurs ombrages. C'est un humble églantier, l' « agame », qui se révèle ici l'ingénieux architecte des perspectives. Il enfonce dans cette terre grasse sa vigoureuse racine de plante bien armée; puis il pousse, en buisson, des feuilles vernissées et pointues. Du matin au soir, un essaim d'abeilles visite ses grappes roses qui sont le parfum de la route. Ses épines écartent les troupeaux brouteurs qui détruisent ici des forêts en herbe. Des plantes plus faibles que lui-même profitent tout de suite de l'humidité qu'ont fixée ses racines et du premier abri de son ombre. Des graines de thuyas et d'oliviers, apportées par les oiseaux, germent au pied du buisson épineux. Ils le dépasseront vite. A me sure que le fourré s'épaissit, la réserve d'humidité, les chances de vie s'accroissent. Les apports des oiseaux sont plus nombreux. Les merles métalliques laissent tomber de leurs becs quelques pépins de figuiers-sycomores. Des arbres vigoureux s'élancent maintenant au-dessus du buisson que des lianes escaladent.

Ceci est, dans l'évolution naturelle de ces centres de verdures, la seule trace de l'homme : il n'y pas d'années que le feu ne soit mis à ces prairies par un « nagadi » de passage, ou par un chevrier qui veut féconder avec des cendres l'herbe du plateau. Sans atteindre le massif central, les flammes tournent autour de cette association de vies végétales. De là cette forme ronde qui fait penser à un plan préconçu et à la direction de quelque Le Nôtre abyssin ou galla, qui aurait fait ses classes de pittoresque sur des gazons d'Angleterre.

Les « phacochères » que je chasse seraient-ils sensibles à cet heureux arrangement des perspectives ? Il y a là-haut, par deux mille cinq ou six cents mètres d'altitude, une mare où ils viennent boire autour des ardeurs de midi. Du moins, le guide galla l'affirme. Cette certitude me soutient en bonne humeur et en haleine, tandis que, sous le soleil vertical, nous montons à l'échelle.

Au premier palier, causette avec un jeune vacher. Il pousse un troupeau de zébus devant sa badine, et s'amuse spirituellement à nouer ensemble les queues de deux bœufs pacifiques. Il y a sûrement du sanglier « karkaro » — le mot est le même en somali et en galla — vers ces crêtes, car mon mulet bute contre un de ces terriers formidables où ces bêtes énormes évitent la fraîcheur nocturne. Plus haut, donc! On monte, on monte encore.

Soudain, Djimma commande :

— Pied à terre... Doukoula!

De dessous un fourré de thuyas quelque chose sort que, à cette distance, mon chasseur, tout expérimenté qu'il est, a pris pour une grosse antilope doukoula, agenouillée. Son fusil part chargé de chevrotines. Mais nous sommes trop éloignés pour que le coup porte; tout ce plomb s'éparpille dans l'air. Cela sert au moins à faire sortir de sa cachette la bête batailleuse. Elle se découvre. Six ou sept petits la suivent : c'est une laie énorme.

J'ai oublié que ma main gauche ne pouvait pas porter ma lourde carabine. En joue : « Feu » !

Deux secondes pour que la fumée se dissipe, et, chacun dans notre idiome, le Galla, l'Abyssin et moi, nous poussons le cri bienheureux qui veut dire :

— Elle y est !

C'est, quand on a déjà mis pas mal de coups par à côté de la bête, une minute délicieuse. Les petits, affolés, remontent la pente au galop. Ils disparaissent dans les herbes hautes. La laie est culbutée sur le dos, ses quatre pattes en l'air. Elle les agite un instant, puis, comme un sac, déroule sur la pente pendant une vingtaine de mètres. Il faut nous jeter de côté pour n'être pas fauchés à son passage. Enfin, un buisson de thuyas l'arrête et, pendant que le muletier contient sa bête, qui se cabre, nous courons, Djimma et moi, pour voir si quelque marcassin ne viendra pas s'offrir à nos chevrotines.

Nous n'allons pas loin, le muletier nous rappelle : la laie s'est relevée. Elle se traîne au mâquis. Je vais la perdre. Au diable les marcassins ! Et si, par cet artifice, cette mère tendre, dont les pis pleuraient le lait, a voulu sauver sa progéniture, qu'elle ait sa récompense dans le champ élyséen où les laies phacochères ont leurs invalides !

Un coup de chevrotines achève cette tumultueuse agonie. Il n'aurait pas fait bon l'abréger avec le couteau de chasse.

... La bête est morte. Comment la descendre au bas de la montagne ?

Mes trois hommes ont peine à la soulever. On tient conseil. On décide d'aller demander son âne au jeune vacher qui enchaînait les zébus par la queue.

Une demi-heure plus tard, je vois ce bourricot entrer dans la clairière. Il a la tête complètement enveloppée dans un pagne. On craint pour lui la vue fâcheuse de l'animal sauvage. Elle lui ferait prendre immédiatement le chemin de la plaine.

Mais comment mettre la laie sur son dos? Les cordes manquent. Qu'à cela ne tienne. Djimma arrache d'un thuya une trentaine de mètres d'une liane grosse comme le pouce. Aidé du Galla, il la tord — tel un cordage de navire — afin d'accroître sa souplesse. Puis, tandis que je tourne le nez du mulet vers la vallée, pour que ses entrechats n'inquiétent pas l'aliboron, mes trois compagnons enlèvent le paquet, le chargent en travers du bourricot comme un sac de farine.

Pauvre laie! Elle a encore la souplesse de la vie. Son énorme groin, ses oreilles se dressent; ses pieds de devant battent l'air. Elle se laisse pourtant ficeler sur l'échine du bourricot avec une résignation prévue.

Cependant, l'aliboron commence à s'ennuyer avec sa figure dans la serviette. Il menace de jouer du chausson.

— Tu n'y es pas, mon ami ! La liane va te passer sous la queue en façon de croupière, t'envelopper comme une sangle de bât. Et ce sera bien le diable après cela...

C'est le diable ! D'un coup de tête, l'âne envoie son propriétaire faire la planche dans les cailloux. Une ruade formidable oblige les chargeurs réunis à lâcher prise. Et allez donc ! Et allez donc ! Les sabots à la lune.

Je puis me vanter d'avoir assisté à un spectacle sans banalité : la première leçon d'équitation d'une laie montée à bourricot sur une pente de cinquante degrés, à deux mille six cents mètres d'altitude.

La chose a fini comme il fallait s'y attendre : par un divorce. Une seconde, nous avons eu la vision de la monture et de son amazone roulant de concert. Mes trois brigands de compagnons riaient à étouffer, et moi, je songeais :

— La laie se mortifie. Dans tous les cas, elle ne m'échappera plus. Pourvu que Carette n'ait pas tué une bête plus grosse...

Déjà l'âne n'était plus qu'une paire d'oreilles à l'horizon. Je pris conseil des circonstances et de mes expériences récentes. Je priai le Galla de rester de faction auprès de la laie pour écarter la hyène, les vautours, les charognards, les chiens sauvages, et généralement tous les convives puants qui, en ce pays-ci, ont tôt fait de s'inviter autour d'un gibier à terre. Puis, tout doucement, le mulet, Djimma et moi, nous prîmes le chemin de la tente.

... Je viens d'envoyer là-haut un mulet qui a fait ses classes de chasse. Il est pourvu d'un bât, ficelé de courroies comme un saucisson. Ma laie va descendre. Je n'ai qu'un chagrin : le soleil baisse, et il me sera impossible de me faire photographier avec elle.

Autre point noir. Carette, de son côté, a fait demander un mulet pour rapporter sa chasse. On parle aussi de sangliers ! Si, à l'heure du « tableau », son sujet allait damer le pion au mien !

Mères nourrices, qui avez tant souffert de comparaisons analogues, de pesées qui ne tour-

naient pas à l'avantage de vos marmousets,
vous comprenez mes appréhensions !

Victoire !

Ma bête pèse cent cinquante livres, et la
« Carette » seulement cent dix-huit.

Mon pouce va mieux.

VII

PEAU DE ZÈBRE...

La plaine est d'un rose tendre. Les petits mimosas plafonnent. Leur ombre légère se réfléchit sur le sol transparent, comme dans une flaque d'eau. Les premières pluies ont reverdi tous ces parasols dans des tons d'aquarelle ; si bien que, au-dessus de la piste de sable aride, foulée par les pieds de chameaux, c'est comme une pâle prairie, suspendue entre la terre rose et le ciel bleuissant. L'aurore de mai est vraiment délicieuse dans cette plaine de Ouerer, entre le neuvième et le dixième degré de latitude équatoriale, à mille et quelqucs mètres de hauteur au-dessus de l'Océan Indien.

Dominant cet étang aérien, un petit pic. Il a la forme régulière de ces cônes d'où, dans notre enfance nous faisions jaillir le miracle des serpents de Pharaon. L'aurore vêt sa nudité de gazes saumonées. Il semble qu'il se lève là pour la commodité du voyageur, qui, à vol d'oiseau, voudrait jeter un coup d'œil sur la région parcourue.

Carette et moi, dès le premier feu du jour, nous avons, en quête de chasse, quitté notre caravane. Instinctivement, nous levons les yeux vers cette montagnette qui commande le secret de la plaine, les retraites du grand gibier, les embuscades des hommes et des fauves.

Et voici que d'imperceptibles points noirs se détachent de la partie boisée. Ils se promènent sur le fond clair de l'écran. On dirait qu'ils veulent escalader le faîte.

— Dites-moi, Carette? Ai-je la berlue ?... ou bien des mouches se sont-elles glissées entre les verres de ma lorgnette ?

Lui aussi, Carette, a braqué sa jumelle sur le pic saumoné. Il échange à voix basse quelques phrases rapides avec l'issa Miguéné qui ne quitte pas ses talons.

Miguéné n'a que faire d'emprunter l'artifice de nos verres pour assurer sa vue. Il prononce un mot mystérieux que Carette traduit avec un peu d'émotion :

— ... Des zèbres.

Il n'a pas fini de dire que, tous les deux, nous sommes à bas de selle.

En pareil cas la manœuvre est toujours la même. On fait cacher dans un fourré bien dense les chevaux ou les mulets, on secoue un peu leur gardien, par les plis de sa chámma, saisie à poignée :

— Tu comprends bien?... Tu ne te montreras pas!... Tu t'arrangeras pour ne pas être aperçu et pour tout voir... Si quelque mulc se met à braire, on te coupe la tête au retour...

Il faut, en effet, compter avec la passion que ces gens ont pour la chasse. Les obliger à se tenir cois, tandis que l'on court sus à la bête, c'est les condamner au supplice du chevalet.

Nous réglons à la hâte le code de notre télégraphie :

— Nous amenons avec nous Guéllé et Miguéné. Si Miguéné' étend le bras droit, vous resterez cachés quoi qu'il arrive. S'il étend le bras gauche et fait flotter les plis de son manteau, vous monterez sur nos bêtes et vous nous les amènerez au galop.

Les gardiens de mulets ont l'air d'avoir compris leur leçon. Nous jetons nos carabines derrière l'épaule, et, tous quatre, on commence de se glisser entre les arbres.

Les botanistes auxquels on a rapporté des échantillons de mimosas empruntés à la flore des pays Issas et Danakils en ont distingué exactement trente-deux variétés. Je les ai, pour la commodité de mon expérience, réduites à deux : les mimosas qui vous piquent au travers de la culotte, et ceux qui vous piquent au travers de la guêtre. Cette classification, a, en dehors de sa simplicité, cet avantage : elle vaut

dans la plus parfaite obscurité pour vous apprendre à quelle catégorie de vrilles on a affaire.

A cette seconde c'est le plein jour. Nous
voyons donc, avant d'en tâter, que l'on va
entrer en relations intimes avec les mimosas
perceurs de guêtres. Ils entourent la montagne
rose de travaux avancés, de chevaux de frises,
si acérés, qu'il nous faut ramper tout près
d'une heure pour découvrir la coulée par où
se sont glissés les zèbres.

Voici, sur le sol, leurs empreintes toutes
fraîches. D'ailleurs, le plafond des verdures
est bas. Nous heurtons ce toit de nos têtes.
A droite et à gauche on a des œillères. Et il
faut marcher avec d'infinies précautions afin
d'empêcher qu'une pierre, roulant sous nos
semelles de corde, ne donne l'éveil aux animaux
vigilants qui sont montés sur cette hauteur
pour reconnaître la position, pour flairer le
danger, et pour choisir, après examen, un lieu
pacifique de pâturage.

Une trouée dans la muraille verte.

A une distance où il serait vain de tirer, les

zèbres se montrent en plein profil, découpés sur le ciel pur. Je les aperçois, distinctement cette fois, dans le cadre rond de ma jumelle. Ils sont huit, hauts sur leurs jambes, robustes merveilleusement, balafrés de blanc et de noir. Les bêtes que j'ai eu l'occasion d'admirer à travers les barreaux de Jardins zoologiques n'avaient ni cette encolure, ni cette élévation au garrot, ni cette splendeur de robe tigrée. Aussi bien celui-ci est-il l'*Equus Grevii*, le « cheval de Grévy », en souvenir de feu le Président de la République française, auquel le Négus envoya, en présent, un de ces animaux inconnus.

Jamais on n'avait connu en Europe un zèbre de cette taille et de cette bigarrure. Je vois dans ma jumelle flotter les petites crinières noires qui s'enlèvent, des oreilles au garrot, et fouetter le plumet sombre qui termine les queues. De grandes ondes de lumière courent le long des flancs, autour de cette attache du ventre et de l'épaule, où, tout à l'heure, j'espère bien placer ma balle.

Ce n'est qu'une vision. Déjà, nous avons replongé dans l'ombre légère des mimosas, et notre ascension continue, de plus en plus prudente.

Toutes les trois minutes, Miguéné, qui s'est avisé que je ne parlais pas couramment l'issa, me répète en arabe :

— *Chouff taïb !*

C'est-à-dire :

« Regarde bien !... Attention !... »

Hélas ! c'est vainement que, ce jour-là, je me serai brûlé les poumons à retenir mon haleine essoufflée, que j'aurai supporté dans mon corps autant de piqûres d'épines, que, si, pour une meilleure cause, nous gravissions la pente de quelque Golgotha. Au moment même où nous surgissons de cette brousse, où les canons de nos carabines se relèvent, où les crosses vont tomber dans le creux des épaules, Carette jette, sans plus se contenir, un grand cri de chagrin.

Les zèbres ont disparu, plongé dans l'océan d'arbres, dévalé au triple galop la pente occi-

dentale. Ils fuient, hors de vue, face au vent.
Ils n'ont donc pu ni nous flairer, ni nous
entendre. Ce n'est pas nous qui les avons mis
en déroute.

Qui donc alors ?

Sous l'ardeur du soleil qui monte, le paysage est redevenu silencieux et vide. A notre
droite, la lointaine muraille d'Ankober se fond
dans la brume ; devant nous, c'est la silhouette
plate de l'Assabot, découpée dans du zinc
comme un paravent ; les montagnes du Tchertcher se lèvent derrière elle, diaphanes, tel qu'un
amas de nuages. Une longue coulée de pâleur
raie ce lac d'arbres. C'est l'Aouache qui s'écoule
vers le Nord, baignant dans ses eaux profondes, des troupeaux d'éléphants et d'hippopotames.

Nos mulets, non plus, ne se sont pas
découverts. Seuls, nous pouvons deviner leur
présence, là-bas, au bord de cette clairière.

Qui donc a mis les zèbres en fuite ?

Les regards de Miguéné fouillent l'horizon.
Ils transpercent le plafond des mimosas, et,

soudain, en même temps que son bras s'étend, trois, quatre fois, désignant des points opposés de la forêt circulaire, les lèvres sévères de l'issa laissent tomber deux syllabes, brèves comme un commandement d'alerte :

— *Halko !... Halko !... Halko !... Halko !...* (Ici !... Ici !... Ici !... Ici !...)

Des quatre coins de l'horizon des cavaliers viennent de surgir. Leur manœuvre combinée a notre colline pour centre. Ils montent de grands chevaux, gris et noirs, aux encolures robustes, aux crinières, aux queues flottantes. Les mors à longue branche, qui ensanglantent les bouches, obligent ces nobles chevaux à plier leurs cous. J'aperçois, dans ma jumelle, ces cavaliers qui vers nous piquent au galop. Leurs cuisses sont nues, leurs genoux très remontés par l'étrier, où ils n'enfoncent que l'orteil. Des peaux les vêtent jusqu'à la ceinture ; accrochées à une épaule, elles laissent un des bras libre et nu.

Maintenant, nous entendons distinctement les sabots de leurs chevaux, qui, sur les flancs de la colline, font dérouler les pierres. Ils sont quinze. Chacun, en travers du pommeau de la selle, balance dans sa main deux ou trois lances, découpées en javelots, terminées par des fers aigus et qui reluisent.

Ils ont vu le geste lent qui, dans leur direction, et sans que nul commandement ait été nécessaire, a relevé les canons de nos quatre fusils. Ils arrêtent leurs chevaux, et le plus vieux — quelque chef aux cheveux grisonnants, dont la tête est ornée de la plume blanche, récompense des meurtres héroïques, — nous interpelle dans sa langue :

— *Abo !... Mâm gaalilo ?... Koubâroma-bâro ?...*

(« Homme !... » Cette exclamation équivaut à notre « salut ». « Comment t'appelles-tu ?... Quel est ton pays. »)

Ces questions tombent dans le silence. Les canons des fusils ne se relèvent point davantage, mais ils ne s'abaissent pas non plus. Nous sommes dans le « Pays de la Peur ». On ne répond pas ici aux gens que l'on ne connaît point. On ne laisse pas choir de ses dents serrées le « Meito ! » (Bonjour !) qui permettrait à un ennemi, supérieur en forces, d'approcher jusqu'à cette distance, où la succession de coups de feu rapides ne peut plus arrêter la brusque trahison par où une palabre se change en embuscade. Quelques instants les Danakils se concertent, puis, lestes comme des clowns, ils sautent à bas de leurs chevaux ; ils font mine de monter jusqu'à nous, lance au poing.

Cette fois, il faut leur répondre.

Carette crie d'une voix forte :

— Arrêtez !...

Et, s'adressant à nous autres, il dit, vite :

— S'ils font un pas de plus... feu !...

Mais l'homme à la plume blanche s'est arrêté instinctivement :

— Avez-vous vu, demanda-t-il, les zèbres que nous poursuivons ?

— Nous ne savons par où ils sont partis.

Une menace passe dans la voix de l'homme :

— Ils étaient tout à l'heure en haut de cette montagne... A la place où tu es... Pourquoi les as-tu mis en fuite?

Carette répond sur le même ton :

— Le gibier que tu veux chasser est trop gros pour toi... Prends garde...

Les Danakils ne quittent pas des yeux nos fusils. Ils suivent le mouvement lent, mais continu, qui remonte les crosses vers nos épaules. Ils voient nos doigts sur les gâchettes, ils comptent les cartouches à nos ceintures. Allons, ils ne sont pas les plus forts. Ils n'insistent point. Ils remontent à cheval. Ils disparaissent, rapides comme ils avaient surgi, sous le dôme de mimosas.

Quand le bruit qu'ils font en s'éloignant a tout à fait cessé, Carette dit :

— Si vous m'en croyez, nous casserons une croûte, et nous attendrons, pour descendre, d'avoir vu ces mécréants ressortir, là-bas, du côté de la plaine...

— Et les zèbres? Nous n'aurons donc pas leur peau?

Mon camarade répond en riant :

— Félicitons-nous que personne, aujourd'hui, n'ait pris la nôtre. Ce ne serait pas la première fois, en pays Danakil, qu'on aurait vu le chasseur finir en gibier.

VIII

LE GOUMARI

Les Swahilis le nomment « kiboko » ce qui, dans ce carrefour mystérieux du cerveau où les mots prennent des formes, lui donne l'apparence d'un monstre japonais. Les Danakils le nomment « doul », un monosyllabe qui évoque bien sa force pesante. Les Gallas le nomment « robi » ce qui vous a un petit air familier, comme le « bob » des Anglais, et dépeint le monstre sous son aspect bonasse.

Nous autres nous le nommions « goumari », à l'instigation de nos soldats abyssins. Tous ces noms lui vont bien, un seul est ridicule :

ce sobriquet grec dont nous l'avons affublé
« hippopotame ». Celui-là lui sied à peu près
comme le casque d'Achille à un ours de
Berne.

Le bon Père Lobo, Jésuite portugais, qui, à
la fin du xviie siècle, rencontra le monstre dans
les régions où je le cherche aujourd'hui, le
décrit en ces termes pittoresques :

« Quoique le Cheval Marin aille paître à terre
et qu'il ne vive que d'herbes et de branches
d'arbres, il n'est pas moins dangereux que le
crocodile. Il est gros comme deux bœufs. Sa
peau est d'une couleur très brune sans aucun
poil. Il a la queue courte, le cou long, la tête
difforme pour sa grosseur, les yeux petits, la
gueule grande, les dents longues d'une palme
et davantage, avec deux défenses comme les
deux boutoirs d'un sanglier, mais encore plus
grandes, les jambes courtes, les pieds fendus
en quatre. Il est aisé de voir par cette descrip-
tion qu'il n'a nul rapport avec le cheval, si ce
n'est qu'il a des oreilles presque semblables,
qu'il hennit et renifle de même, lorsqu'il met

sa tête hors de l'eau et qu'il entre en colère. Sa peau est si dure que des balles de mousquet, à bout portant, ne font que l'effleurer. Les meilleures lances rebroussent et se faussent quand on les pousse contre, avec force, à moins qu'on ne le prenne par certains endroits plus faibles. Il est très dangereux de rencontrer un Cheval Marin. Le meilleur parti que l'on puisse prendre lorsqu'on se trouve sur son passage, c'est de se jeter à côté et de le laisser passer. » (*Relation historique d'Abyssinie*, p. 110.)

Il n'est pas bien étonnant que les mousquets du Père Lobo n'aient pas réussi à entamer la cuirasse des goumaris qu'il rencontra, vers 1621, autour des sources du Nil Bleu. Nous sommes avertis que les balles blindées de nos winchesters et les « dum-dums » de la carabine Lee-Metford doivent entrer dans les prunelles ou au défaut du cou pour faire la blessure mortelle. Dieu sait pourtant à quelle profondeur nous les avons vu pénétrer, ces morceaux de plomb, dans des troncs d'arbres, quand, pour régler les hausses et nous mettre dans l'œil des appréciations de distance, nous tirons, de temps en temps, à la cible.

Il y a fort peu de chance pour que, ce matin, nous rencontrions un de ces monstres à la promenade. Selon leur coutume, dès le premier feu de l'aurore, ils sont retournés au fleuve dont d'épaisses verdures dessinent, là-bas, les détours. Mais sur le sol d'alluvion, craquelé comme de la porcelaine cloisonnée, que nous foulons depuis une heure, toutes fraîches, les pistes se croisent et se coupent innombrables. Elles vont de la belle prairie que le mont Fantalé noie dans une ombre propice au lit profond de l'Aouache.

C'est la première fois que j'ai l'occasion d'étudier ces empreintes. Je me penche avec curiosité pour étudier leur dessin. On dirait dans la terre écroulée, le moulage d'un formidable pied-bot, d'un moignon pourvu d'ongles. Ils disent que, avec une dent, Cuvier a reconstruit le mastodonte. Amenez ici un enfant de six ans, montrez-lui ces écrasements du sol, à côté, la broderie qu'une antilope a dessinée en posant sa petite corne fourchue sur la terre lisse, et ce marmot vous dira :

— Celui-ci est un monstre... Celle-là est une créature de grâce...

Aussi bien faut-il de robustes colonnes torses et trapues pour porter cette voûte pesante : la carcasse osseuse d'un goumari. Sur le Shiré River, F. Vaughan Kirby a tué un de ces chevaux marins, qui, du mufle à la queue, mesurait quatorze pieds deux pouces, soit un peu plus de quatre mètres cinquante de long. On s'explique par là l'épouvante qui prend nos hommes aux passages des rivières quand du haut de la berge une voix effarée crie soudain :

— Goumari !

Dans la fermeture brusque d'une de ces mâchoires colossales, Ch. Michel, de la mission Bonchamps, a vu disparaître la cuisse d'un de ses chevaux. Depuis qu'on le chasse à outrance pour fabriquer des boucliers et des courbaches avec sa peau impénétrable, le goumari est devenu farouche. Il n'évite plus l'homme, il l'attaque.

Il est convenu que nous irons passer la journée tout entière à l'affût dans ces bouquets d'arbres, qui, là-bas, soulignent le cours sinueux de l'Aouache. Avec moi, j'ai pris mes deux compagnons fidèles, Abdi et Dinessa. Ils portent quelques boîtes de conserves dont nous déjeunerons, en silence, au bord de l'eau, et des fusils de supplément, afin de nous défendre, dans le cas où, de guetteurs, nous deviendrions assiégés.

Comme toujours, à mesure que l'on approche de l'eau, les verdures se font plus denses, des épines dont le goumari s'inquiète peu, mais qui déchirent nos mains et nos habits hérissent ces buissons inextricables. Ici, là, des coulées boueuses et fraîchement piétinées : ce sont les petites « cavées » par où, quotidiennement, les goumaris se glissent vers les joies délicieuses de leur bain. Ces passages ont juste la largeur de la bête et sa hauteur au garrot. Il faut baisser la tête pour cheminer sans avaries sous cette voûte de verdure.

Brusquement, voici le fleuve.

Il est trop large pour que le berceau des arbres le recouvre. Entre les deux murailles sombres, il coule, à ciel ouvert, réfléchissant dans son eau un peu limoneuse, toute la splendeur azurée des tropiques. Ses bords sont taillés à pic comme des quais. C'est à peine si, ici, là, un petit banc de sable fin, une berge chevelue d'herbes, une mince pelouse de gazon forment plage.

Des bandes de canards et d'oies sauvages cancanent pacifiquement le long de ce miroir vivant où leurs plumages se reflètent. A dix mètres de mon canon de fusil, une de ces bêtes magnifiques picore l'herbe grasse. L'air est si transparent que je compte ses plumes. Sa tête et son cou sont d'un roux fauve, son bec rose avec des filets marron. Ses ailes ont, à leur attache, la blancheur du cygne, avec des reflets de vert métallique sur les grandes pennes. Si elle connaît l'homme, elle n'en a pas peur. Devine-t-elle qu'aujourd'hui on est venu quérir un gibier plus important qu'elle? Longuement elle nous considère. Elle nous parle. Elle recommence à picorer. A la fin, elle s'enlève, et alors dans le miroir azuré du fleuve, je vois passer un fantôme blanc et mauve qui a l'éclat d'une peinture détachée par l'artifice du coloriste sur le fond d'une porcelaine.

Nous sommes installés dans une sorte de loggia qui domine l'Aouache. Des lianes, grosses comme mon bras, encadrent cette fenêtre. Il y a tout autour de nous des jasmins qui brûlent au soleil, comme des cassolettes chargées de parfums trop lourds. Ils se mêlent à l'exhalaison fade et nourrissante qui plane au-dessus de ces eaux. Sûrement, au lever et à la chute du jour, quand l'alluvion fume, ces places sont mortelles pour l'homme. Il semble que, pour quelques heures, l'ardeur du soleil les purifie. Il se glisse au travers des frondaisons, il ricoche sur la surface éblouissante de l'eau. Il nous pénètre et nous brûle la peau sans nous réchauffer par le dedans. On voudrait boire un réconfort au goulot de quelque gourde d'eau-de-vie, et en même temps tout le corps réclame la fraîcheur de l'eau.

Je songe que celui que nous guettons marche, sous cette glace opaque, au fond du fleuve. J'oublie que je suis embusqué là pour le surprendre, quand, paisiblement, à la surface de l'eau, il viendra changer la colonne d'air dont il emplit ses poumons énormes. Je ne me rappelle pas que j'ai le doigt sur la gâchette de ma carabine, qu'il suffit d'une seconde, d'un éclair de poudre, pour apporter la nuit dans cette tête puissante, pour changer le demi-rêve en sommeil.

J'envie les goumaris, leurs longues promenades au fond de la rivière, la tranquillité de leur vie animale, l'aisance de leur dérive entre deux eaux. De cette terre d'Afrique, pleine de cruautés et de violences, ils ne veulent connaître que le délice : les heures fraîches de l'aurore et du crépuscule. Le reste de leur vie végétative et végétale, ils la vivent dans le bain d'un pacha. Sur la terre, comme dans les eaux, ils ont la fierté de sentir que tout cède devant leur masse. La nage leur donne dans sa facilité voluptueuse l'illusion du vol. Si

étrangement cuirassés, ils n'ont rien à redouter des attaques des fauves. Leur apparition
formidable impose le respect; beaucoup d'entre
eux, après avoir vécu innocemment, mourront
de vieillesse sans avoir fait usage de leur force
contre d'autres ennemis que les lianes qui,
imprudemment, leur barraient la route du
bain.

Vous qui lisez ces lignes, méditez-les, je vous
prie, sérieusement, comme elles ont été écrites. Vous dites que la vie ne vaut que par la
conscience ? Hélas ! ignorez-vous que pour des
millions d'êtres, la pensée n'a été que confusion
ou torture. Et qui sait si, au déclin de la vie,
vous interrogiez le glorieux nonagénaire auquel,
au lendemain de sa mort, vous éléverez un
sosie en bronze, peut-être il vous avouerait, ce
glorieux penseur, que de sa promenade acci-
dentée à travers les apparences de ce monde,
il retient, comme les plus heureuses de toutes,
ces minutes de vie végétative où il laissa sa
conscience se dissoudre au soleil devant des
paysages riants.

— Chut !...

Abdi et Dinessa se disputent. Ils ne sont pas d'accord sur les principes élémentaires de la chasse au goumari.

Abdi prétend :

— Il est plus craintif que le did-dig... S'il entend un autre bruit que le battement d'ailes des insectes et le chant des oiseaux dans les arbres, il prend le galop, au fond de la rivière, et il va respirer plus loin.

Dinessa soutient :

— Le goumari est comme le nègre... Il aime le bruit... Il est curieux des disputes... Le meilleur moyen de l'attirer c'est de battre un tambour.

Je sais qu'Abdi est né de ce côté-ci des plateaux où depuis longtemps les Gallas ont renoncé à la guerre. Ils ont déposé le bouclier de cuir pour prendre la houe. Ils ne font plus la guerre aux grandes bêtes antédiluviennes qui règnent sur ces solitudes. Rendu à son rêve liquide, le goumari de l'Aouache vit, sans doute, paisible comme un poisson, dans le lit

du beau fleuve. Un bruit inconnu le désoriente.
Il a mis toute sa confiance dans la solitude et
le silence.

Dinessa a vu le jour du côté du Nil Bleu, là
où les cartes confuses que je feuilletais, il y a
quelques mois, sous la lampe de mon cabinet
de travail, portent, pour toute légende : « Beaucoup d'hippopotames ». C'est ici le carrefour
où les races différentes sont en guerre perpétuelle. Hier, les Abyssins rougissaient le fleuve
du sang des Gallas. Aujourd'hui, des fortifica-
tions continuent de défendre la montagne abyssine contre l'assaut des nègres Béni-Changoul.
Mais tous, blancs, noirs et cuivrés, depuis des
siècles, se sont associés pour faire la guerre
aux porteurs d'ivoire : hippopotames ou éléphants, qui pullulent sur ces marais de
l'Ouest.

C'est pourquoi le goumari du Nil Bleu est
devenu une bête de combat. Il se lève hors de
l'eau quand il entend le cliquetis des lances.
Il accepte la lutte. Il va au-devant. Il jette
dans le courant d'air des fleuves ce hennisse-

ment où les hommes d'autrefois entendirent assez de vaillance pour évoquer, devant cette apparition monstrueuse, le glorieux souvenir du Cheval.

IX

L'AFFUT

J'ai gardé de ces longues heures d'affût au bord des fleuves africains un inoubliable souvenir : le chant des oiseaux.

En tout pays, en tout lieu du monde, le silence est une menace. Il est de moitié dans les terreurs que les ténèbres causent aux petits enfants et aux hommes ; mais, lorsqu'en pleine lumière, sous le crucifiant soleil des tropiques, il plane entre le ciel et la terre, le silence se fait peut-être la pire torture que puisse supporter un homme, longuement, sans devenir fou.

Le silence de chez nous est plein d'effrois. Il abrite des vies qui rampent, qui veulent surprendre. On peut guetter leur approche, lutter contre leurs attaques. Attaquer, se défendre, c'est de la vie. Peut-être est-ce la loi de la vie. Le silence des tropiques, le silence au soleil, en plein jour, sur le désert, c'est la mort, — le destin inéluctable.

Pour que l'angoisse se dissipe, il ne suffit pas que des verdures reparaissent. La vie végétale ressuscite en vain. Elle est encore silencieuse, sans joie, sans espérance, sans crainte, sans douleur apparente, sans amour. On songe qu'elle occupait la terre longtemps avant que l'homme y eût sa place — qu'elle peut triompher sans que l'homme ait encore le droit de se dire : « Ici, je m'arrêterai et je vivrai. »

Pour que l'âme se rassure, il faut que commence à s'élever le bourdonnement des insectes — de la vie qui se meut, qui va d'ici là, de l'herbe à la goutte d'eau, de la goutte d'eau au rayon de soleil — de l'activité ailée, qui fredonne sa passion de tendresse ou de guerre. L'homme se reconnaît en écoutant ces minuscules fanfares. Mais, pour que son cœur serré se rouvre, pour que ses souvenirs et ses espérances refleurissent, il faut que des oiseaux chantent, il faut que, entre le ciel et la terre, la Joie de Vivre entonne son *Alleluia*.

Nulle part, je n'ai entendu les oiseaux africains aussi parleurs qu'au bord de l'Aouache. Un peu plus loin de la côte, la montagne leur redonne de la gravité. Ils sont moins exubérants comme ils sont moins bien vêtus. Le merle tricolore dépose son gilet rouge et son collier de plumes blanches. Sans doute il garde ce manteau métallique, cette coulée de lumière bleue, irisée, qui, au vol, lui donne l'air d'une poignée de pierreries jetées contre le soleil. Mais sa livrée se fait monochrome, et chacun imite sa réserve. Couleurs et musiques, tout baisse d'un ton.

Trop près de la côte, l'eau manque. Il n'y a de place que pour les bêtes de proie, les brigands ailés, qui, en un jour, parcourent de longs espaces, luttent avec les bêtes du sable, se nourrissent de gibier.

Au bord de l'Aouache on vit de baies, d'insectes et de fleurs. On a des feuillées impénétrables pour se cacher aux regards de l'aigle et du vautour. Pour vivre, on n'a pas besoin de se détruire les uns les autres. On éclate de joie au soleil. Certes, je les aime tendrement, les oiseaux de ma Normandie : le linot, le verdier, le pinson, le merle noir, le chardonneret. Mais entre leur gaieté, leur vêtement, et les parures, les éclats de rire des oiseaux de l'Aouache, il y a la même différence qu'entre l'aspect, les divertissements d'un « coron » du Nord et la tarentelle d'un faubourg napolitain.

L'accablement de midi est passé. Les oiseaux de l'Aouache se réveillent de leur sieste. C'est une ville méridionale qui rouvre ses volets : les galants sortent sur les places, les commères se montrent au seuil des portes. On échange de vraies paroles. Les coucous et les tourterelles marquant la mesure, gémissements d'amour et ricanements d'ironie, qui, là comme ailleurs, se mêlent, se coupent, se côtoient, sans fin, à travers les choses. Un invisible pousse une note de clairon. Unique, elle commence forte, puis s'épuise, s'égrène jusqu'au bout de l'haleine, poussée à petits coups de langue, d'un seul jet. Alentour, c'est toute la variété des siffleurs, qui ne sont pas contents de la pièce : un qui, sans doute, appuie une clef sur son bec; un autre qui imite les voyous de Paris, élargissant leurs bouches avec leurs doigts. Puis, c'est le confus murmure de tous les gentils ouvriers du nid; l'éclat de rire étouffé d'une fillette qu'on chatouille; les tâtonnements d'un musicien qui, timidement, souffle dans un flageolet avant de monter la gamme; de brusques déchirements d'étoffes, des grincements de gonds, des raclements de scies, des stridences de serrures rouillées après lesquels on a la surprise de voir s'envoler deux perruches délicieuses qui, dans cette langue d'éraillures, échangent leurs propos d'amour : — des glouglous frais de bouteilles qui se vident; — des appels niais de pintades ; — des spasmes de joie poussés jusqu'à extinction de souffle, et qui expriment la note comme le jus d'un fruit ; — des passages de cornets à bouquins, sonnés en fanfare par quelques grossiers imbéciles, dans des trombones en carton ; — et, parfois, dans les secondes de silence, où l'amour, la joie, les querelles, le bavardage reprennent haleine, la mélancolie d'un regret, obstiné en sa monotonie, qui, sans tarir, sanglote.

— Qu'est-ce qu'il y a, Abdi ?

Le Galla a le doigt levé pour commander la vigilance. Ce n'est pas du côté du ciel et des oiseaux : c'est vers le miroir de l'eau qu'il se penche. Plus exercée que la mienne, son oreille a distingué un bruit avertisseur.

— Attention !... Il va paraître...

— L'hippopotame ?...

— Le goumari.

J'avance d'un pas, mon fusil horizontal, tandis que, pour me faire une meurtrière plus large, Abdi écarte à deux mains le buisson de jasmin.

« Plouffff... »

Le bruit d'une pierre énorme qui, d'une nacelle de ballon, tomberait sur le fleuve; mais la sonorité a quelque chose d'imprévu. Ce n'est pas de haut en bas, du ciel qui est au-dessus de ma tête, c'est de bas en haut, du ciel qui est réfléchi au fond de la rivière que le choc est venu.

L'hippopotame arrivait sur ma droite. Peut-être il a entendu le bruit, pourtant étouffé, de nos voix. Sous la voûte des eaux, il a passé devant la loggia de verdure d'où je le guette. Derrière moi, une seconde, il est monté à la surface, mais, ayant entendu ou flairé des choses insolites, il a replongé sans prendre le temps de s'ébrouer.

Dinessa, qui observe du côté de l'Est, l'a vu. C'était une bête moyenne. Sa peur indique que, décidément, les goumaris de la région ne sont pas « des nègres » : que le tambour les mettrait en fuite.

Si l'on veut placer un coup de fusil heu-reux, il faut rentrer dans le silence, et ne plus

causer entre soi qu'avec des battements de paupières.

De nouveau le bruit. Il semble qu'on en-
tende le goumari qui marche au fond du
fleuve, comme s'il avançait dans une allée
matelassée d'herbes hautes. Déjà, à la surface lisse des eaux, un remous se dessine.
Cela ressemble à ces larges moires qu'un récif
impose à la vague qui le recouvre. L'ondulation s'élargit. On sent que, par en dessous,
la poussée est formidable. Soudain le miroir
de l'eau crève : la tête apparaît.

D'abord, j'ai la vision de naseaux dilatés,
énormes, qui, au-dessus du fleuve, en légers
plumets d'eau vaporisés, poussent la respira-
tion haletante : puis, la saillie des yeux tout
ronds. Entre les deux, le chanfrein est plat
comme une pièce d'armure. J'attendais la pla-
tine d'un bronze retiré de la mer : j'ai vu de
la chair rose presque saumonée : si lavée, si
lisse, si dépourvue de modelé, si fruste en ses
lignes, elle fait moins songer à la vie qu'à un
écorché.

« Plouffff... »

— Eh bien ! vous ne tirez pas?

En effet, je n'ai pas songé à monter jusqu'à l'épaule la crosse de mon winchester. L'animal était trop différent de ce que j'attendais. J'ai hésité à le reconnaître, et, peut-être, au moment de détruire cette vie innocente et énorme, ai-je eu un scrupule. Juste aussi long que la nouvelle apparition du colossal gibier.

Dix mètres plus loin, il surgit de nouveau. Malgré son inquiétude, il faut qu'il reprenne de l'air ou qu'il étouffe. Toutefois, avant de se trahir par la colonne de vapeur que vont souffler ses naseaux, il élève au-dessus du fleuve la seule saillie de ses yeux.

Je me rappelle le temps où, au bord des mares, j'allais pêcher les grenouilles avec un chiffon rouge pendu à un hameçon. Elles montraient ainsi, au-dessus de l'étang, leurs sourcils bombés, la paire de leurs yeux ronds. Mais aujourd'hui, la grenouille est devenue énorme. Celui qui me guette là, de sa prunelle ronde, est un antédiluvien.

Ma foi : « feu ! »

« Pan !... Pfouffff... »

Il faut attendre que la fumée se soit dissipée. La surface de l'eau est redevenue lisse.

— Est-il touché, Abdi?

Le Galla secoue la tête :

— Vous avez tiré trop bas.

Il rabat son pouce dans sa main et montre la hauteur de ses quatre doigts superposés.

— ... Alors la balle a touché l'eau avant d'atteindre le goumari et elle a ricoché.

L'affût reprend. Mes yeux ne se détachent plus du miroir où, sur la fin du jour, les nuages s'amoncellent, s'épaississent. Il n'est plus question de pitié pour l'énorme amphibie qui vient de me voler cette joie d'ensanglanter la rivière avec la pourpre de son sang. J'ai maintenant à prendre une revanche. L'amour-propre soutient la tension du muscle. Ma crosse ne quitte plus mon épaule, mon oreille est aux aguets, mon œil va de la mire de ma carabine à l'étale de l'eau. Il n'est plus, cette fois, besoin qu'on m'avertisse. J'ai entendu celui qui vient en même temps que Dinessa et qu'Abdi. Le bout de mon canon a deviné la place où la tête allait surgir. Le désir du succès, la correction de ma première erreur, la décision du tir, l'ébranlement du coup de feu, tout cela me traverse en un seul éclair. Je sens, avant d'y voir, que la balle a porté. Le cri de mes compagnons ne m'apprend rien de neuf.

— Regardez !... Il se lève !...

Jusqu'à l'épaule au-dessus de l'eau, le monstre vient de se dresser. Tragique et muet. Comment échapper à la douleur atroce, à la mort, qui, par cette porte défoncée de l'œil, chemine dans son cerveau comme une vrille ? Du côté où il voit encore, il tourne sa tête hagarde : la berge est trop loin, trop à pic... Et, déjà, il a oublié la place de la coulée par où il descendait à son bain. Les forces manquent, il s'écroule. La nouvelle balle que j'envoie à son agonie ne l'a plus trouvé là. Il est retourné sous les eaux, et dans le terrible remous qui bouleverse leur surface, un disque rouge, une large tache de sang éclôt. Une seconde, elle s'épanouit comme un nénuphar pourpre ; puis elle s'efface, elle aussi, et à la place de la mort, de nouveau c'est la blancheur des nuages.

Je savais que le corps ne remonterait pas sur le fleuve avant une grande heure. Il eût été vain d'attendre à cette place sa réapparition. Des brins de lianes brisés et jetés au courant, s'en allaient vers l'Orient avec une rapidité torrentielle. La colossale épave allait dériver comme eux jusqu'à quelque barrière de rocs, qui, peut-être, l'arrêterait comme un filtre. Il nous fallait monter plus haut, si nous voulions suivre son voyage.

Je levai les yeux, cherchant une colline. Seul, à quelques heures de marche, le mont Fantalé dressait sa silhouette nue sur le ciel.

J'avais donc tué pour tuer. Et il était dit que, ce jour-là encore, je ne toucherais pas la bête. Je sus seulement qu'elle était bien morte à un signe certain : au coucher du soleil, d'immenses vols d'oiseaux de proie commencèrent de tournoyer, dans le lointain, sur quelque boucle de l'Aouache. Ils fondaient, par centaines, noirs sur le ciel clair. Ils remontaient en spirales, alourdis.

Abdi les aperçut le premier. Il me les montra, et Dinessa dit en riant :

— C'est le goumari qui s'envole...

X

J'AI LA BÊTE !

Quand on jette les yeux sur les cartes d'Abyssinie, on aperçoit entre le 33e et le 34e degré de longitude d'une part, le 9e et le 10e de latitude de l'autre, un carré blanc : les montagnes dont on suppose l'existence sont indiquées par des ombres qui hésitent ; les fleuves dont le cours est connu plus bas et plus haut apparaissent sous la forme de lignes pointillées qui font songer au passage d'une molette d'éperon sur une feuille de papier. Le géographe, qui tenait surtout ses renseignements des chasseurs — coureurs de peaux et d'ivoire — a écrit en travers de cette oasis blanche :

« Beaucoup d'hippopotames. »

C'est le bassin de la Didessa, le plus considérable des affluents du Nil Bleu. On n'a pas besoin d'être grand clerc en sciences géologiques et naturelles pour s'aviser qu'à cette place on touche la frontière de deux mondes. Le versant asiatique de l'Afrique, la région tributaire de l'Océan Indien, de ses brouillards, de ses lacs, étendus comme des mers, finit là. Au contraire, l'Afrique méditerranéenne y commence. Et tout précise cette leçon de vie : la vue de la terre, des végétations, des eaux.

Bien que, en cette saison où je l'aborde, la Didessa ne soit guère plus large que la Seine au-dessus de Paris, elle me donne la sensation d'un bras de mer. Les plages de galets sonores qui encaissent son lit, les falaises qui, ici, là, la soutiennent, les blocs de roches noires, basaltiques, jetés en travers, perpétuellement battus par des lames, les bassins où l'eau s'étale en miroir, ruisselle sur des marches de pierre avec des chansons de cascades — tout, jusqu'aux oiseaux blancs et mauves, cousins de nos goélands et de nos mouettes, qui montent et descendent dans le courant d'air, tout contribue à éveiller chez le voyageur le souvenir d'une plage normande, Bruneval ou Étretat, à l'heure de la marée basse.

La surprise de rencontrer ces grandes eaux est d'autant plus vive que, sur cette banquette de galet, l'on débouche sans avertissement d'une forêt vierge, telle qu'en rêvent les décorateurs de théâtre, quand ils veulent donner aux spectateurs de quelque « Voyage autour du Monde » l'impression du Tropique.

Dans la langue du pays cela s'appelle le « Désert de Handeck ». La volonté impériale a séculairement protégé contre les incendies ce conservatoire unique de la grande faune éthiopienne. Handeck est quelque chose comme les « tirés » de Rambouillet des Négus; mais ce n'est pas le lapin, le faisan domestique et le chevreuil apprivoisé que l'on y chasse. On y vient faire la guerre à l'éléphant, à l'hippopotame, aux rhinocéros, aux buffles et aux lions.

J'ai décidé que les promesses du géographe ne mentiraient pas pour nous, et qu'on ne quitterait pas le bassin de la Didessa sans emporter la dépouille et les défenses de quelque hippopotame. Au bord de l'Aouache, j'ai pourvu la faim des oiseaux. Ici, je veux toucher enfin la bête, tuer pour moi. Au gros de la troupe je fais traverser le fleuve à l'endroit du gué. Ils vont aller préparer le camp sur l'autre rive, dans la forêt de bambous qui frissonne sur les flancs du mont Maretchi. Je ne garde avec moi que des chasseurs expérimentés et deux Gallas qu'on nous a donnés pour guides.

Ils me font tourner du côté du Sud, vers les bassins successifs que des cadres de rocs isolent comme autant de salles de bains. Il est trois heures, les rayons déjà obliques nous fusillent en traits de feu. Et qu'elle est épuisante, cette marche entre la lumière du ciel et la lumière réfléchie par le fleuve, sur ces galets ronds, qui roulent sous les semelles de corde, et,

presque à chaque pas, provoquent des chutes!
De temps en temps la plage manque. Alors, de
nouveau, il faut escalader la berge, rentrer en
forêt, nous ouvrir une route à travers les épines et les lianes avec le tranchant de nos « gou-
radiés ». Voilà une heure que l'on est en
marche et les hippopotames ne paraissent toujours pas; pourtant nos guides ne semblent
point inquiets.

Quand on leur demande:

— Ce n'est pas encore là?

Ils secouent la tête; et si l'on ajoute:

— Mais vous nous en ferez tirer, sûrement,
aujourd'hui, du goumari?

Ils l'affirment avec confiance. Ils montrent du
doigt, au tournant prochain du fleuve, une salle
de bains sans doute plus vaste que les autres,
où les chevaux marins se donnent rendez-
vous.

J'ai cru tout d'abord que c'étaient des rochers
à fleur d'eau, moins noirs, plus gris que les
pierres ambiantes, tant la troupe était nom-
breuse, tant l'immobilité de chaque baigneur

était lourde. Mais, soudain, à la surface lisse du fleuve où l'une de ces pierres douteuses affleurait, quelque chose s'est ouvert, d'inouï, de lent, de prolongé, d'incommensurable. C'était rose comme une algue, anémique comme une chlorose, jaune sur les bords au ton des gencives décolorées, — cela était profond comme un gouffre, tout ensemble édenté et armé : la pierre bâillait ! Et, dans l'extrême écartement des deux mâchoires, quelques secondes immobiles, tout au fond, paraissait la langue, telle pistil de quelque fleur aquatique, animée et dévoratrice.

L'idée (à distance elle semble comique) d'envoyer une balle explosible dans cette gaine gluante ne m'est pas venue. On ne peut être insolent quand on est stupéfait. Or, à défaut d'une majesté quelconque, cet antédiluvien trapu a du moins pour lui l'énormité difforme de la force. Son bâillement fait rire dans les caricatures où on le voit, assis dans un rocking chair, avec un « whisky and soda » à côté de lui, et le *Times* étalé sur ses vastes genoux. A fleur de fleuve, ce bâillement prend je ne sais quelle grandeur terrifiante. C'est tout ensemble comme une évocation de la Bête destructrice, Moloch ou Destinée, qui, dans les cauchemars indécis des religions primitives, mâche toute vie au bout du chemin obscur. Et c'est aussi comme un ennui séculaire de la vie, déjà trop consciente en ce crâne de pierre, la jalousie, peut-être, des tranquillités sans pensées ni regrets qui font une âme à la flore.

Notre approche sur les pierres sonores avait troublé le silence du paysage. Soudain, tout cet archipel de pierres grises bougea. Le bruit qui faisait plonger les hippopotames, plus civilisés, de l'Aouache, provoquait une curiosité générale dans les salles de bains de la Didessa.

Ma foi ! je n'attends pas, et je tire !

De mon winchester à l'œil du plus proche amphibie, le trajet est court : cent mètres au plus.

— Touché !

Le mot part des lèvres de mes compagnons presque en même temps que la balle de mon canon.

L'hippopotame a reçu la mort. Il ne plonge pas : sous lui, il avait quelque banc de sable sur lequel, peut-être, à plat ventre, il sommeillait. Il se dresse sur ses pieds. Il se hausse, car tout l'avant de son corps énorme surgit hors de l'eau. L'épaule est à découvert. Le fusil ne s'est pas encore abaissé et un deuxième coup part.

Entre la première balle et la suivante quatre secondes à peine. Celle-là aussi porte. Le premier lingot a trouvé le chemin de la cervelle, le second s'est fait sa route vers le cœur. Il n'y a pas une vacillation, pas un hennissement. D'un bloc, comme si une pierre, soudainement déracinée par les eaux torrentielles, se remettait en route, l'hippopotame verse sur le flanc. Il tourne, roule. Le voilà les quatre pattes en l'air. Il tourne encore. Il n'y a plus maintenant que son dos, la partie centrale et médiane de son épine dorsale, qui affleure. Il appartient au courant qui le cahot un peu, avant de l'enlever à la dérive. On dirait une futaille énorme, surnageant après un naufrage

et dont les douves incurvées apparaissent.
hors de la mer, entre deux ballottements, à la
surface.

Les Gallas crient :

— Voyez !... voyez !... il part !... Le flot l'emporte !...

— Courons !... Il faut le suivre !

J'ai l'espoir que quelque barrage de rochers
arrêtera la fuite rapide de cette épave. J'ai beau
courir de toutes mes forces, mon fusil en l'air,
avec des miracles d'équilibre sur chaque pierre,
une fièvre de chasse qui ne sent plus ni les
coups ni les chutes, l'hippopotame, enlevé par
les eaux, va plus vite que moi. Déjà, il est hors
de vue et, devant l'inextricable barricade des
lianes, il faut que je m'arrête.

... Une demi-heure plus tard je rejoignais
mes deux Gallas. Sur la berge, en face d'une
petite cataracte où la Didessa fait un saut, ils se
dressaient dans l'obscurité commençante, nus.
Leurs bras tendus indiquaient la direction que
mes yeux devaient suivre.

A une trentaine de mètres du bord, j'aperçus

le cadavre de l'hippopotame. Il était arrêté par la saillie de deux roches comme par les mailles d'un filet. Il tournait sur soi, à chaque remous, dans un tourbillon d'écume blanche, ainsi qu'une pièce de broche formidable dans la fumée d'un grand feu.

Mes deux Gallas s'étaient tout à fait dépouillés de leurs vêtements, et là, sur la plage, avec les luisances d'un premier plongeon traînant sur leurs peaux brunes, vraiment ils avaient l'air de deux statues de bronze.

Je demandai :

— Qu'attendez-vous ?

Toujours silencieux, ils me désignèrent une douzaine de têtes d'hippopotames en saillie qui, à la surface de l'eau, semblaient nous guetter de leurs yeux ronds.

— Ils vous font peur ?

Sans répondre, un Galla entra dans la rivière et il nagea quelques brasses. Aussitôt les témoins, qui semblaient faire cortège à la mort, haussèrent leurs têtes curieuses ; puis de brusques plongeons les renfoncèrent sous le fleuve ;

puis ils reparurent encore, cette fois plus rapprochés du mort et du nageur. Je fis signe de se relever aux fusils déjà abaissés. Je voulais suivre ce manège. Presque mécaniquement il se renouvela pendant une demi-heure. Les hippopotames semblaient décidés à défendre cette dépouille ' contre nos audaces.

Déjà, le soleil était disparu depuis longtemps, lorsque, sous une pluie de balles qui, selon le mot pittoresque de mon camarade Soucy, « chauffaient leur bain », les deux Gallas arrivèrent en nageant jusqu'à l'épave. Avec la facilité dont on jouit dans les efforts des rêves, ils la poussèrent jusqu'à une petite crique où elle allait être à l'abri du courant.

Maintenant nous n'apercevions plus les frères du mort, mais nous les entendions encore. A des places noires que la brisure écumeuse du miroir de la Didessa éclairait, une seconde, dans les ténèbres, on distinguait leurs « plouffs! » entre les deux silences de la nage sous les eaux et de l'apparition.

Le plus jeune des Gallas sortit du fleuve et me dit :

— La bête que tu as tuée, tu peux la toucher si tu le veux à présent. Le courant ne l'emportera plus. Elle t'attend… Mais que veux-tu en faire ?

XI

AU CLAIR DE LUNE

... La nuit rapide des tropiques descend sur la Didessa. A cette heure, les falaises blanches, les plages de galet se confondent avec les végétations riveraines de la Forêt Vierge. Les pierres énormes qui, ici, forment des barrages n'apparaissent plus en rondes saillies au-dessus du miroir des eaux ; à peine distinguons-nous dans la montée de l'obscurité leur ondulation, sombre sur le fond monochrome.

Nous sommes sept ou huit hommes autour de la petite crique. De Soucy et moi, dans nos habits de kaki, les autres Gallas, Chankallas,

Abyssins, vêtus de blanche aboudjidide : pourtant la nuit qui tombe du ciel et qui sort de la forêt nous impose à tous la même livrée obscure. On perçoit les mouvements de ses voisins plus qu'on ne discerne leur contour. Chacun approuve, quand Abdi, toujours vigilant, déclare :

— Ce n'est pas tout que de dépecer l'hippopotame que vous venez de tuer. C'est l'heure où les lions viennent boire. Il faut placer deux sentinelles sur la banquette de galet afin de protéger notre travail.

J'écarquille les yeux pour mieux voir ma bête. Les Gallas l'ont poussée tout contre la plage : ainsi elle n'est qu'à demi plongée dans le fleuve. Pourtant je l'entends plutôt que je ne la vois. Le grand frisson du courant se heurte à cet obstacle. Il s'efforce de saisir à nouveau sa charge, puis de la rentraîner au milieu du fleuve. Je note aussi le clapotement mat de ce poids énorme, tantôt soulevé, tantôt retombant, à plat, sur le sable fin.

Tenter un effort dernier, atteler à des lianes

nos deux chevaux, les trois mulets et nous-mêmes, et tirer le cadavre tout à fait à sec, je l'ai proposé d'abord. Mes gens ont secoué la tête.

— Le goumari, a dit Abdi, est plus lourd que vous ne pensez ! D'ailleurs, supposez que nous réussissions à sortir le corps du fleuve et à l'étendre sur les galets ? Nous aurons bien plus de mal à le dépecer, une fois que le courant ne le balancera plus.

— Il va falloir entrer dans l'eau, mon cher Abdi ? Eh bien, allons-y !

Si le lion s'était, à cette minute, présenté sur la plage de notre crique, nos vêtements de kaki eussent été une petite protection contre sa dent ; pourtant avant de commencer à me dépouiller de cette toile, je place soigneusement deux sentinelles à la lisière des arbres.

Mes gens ont tôt fait de jeter à bas leur chammas, et ces culottes de cotonnade bouffante dont ils s'enveloppent. Ils sont déjà dans l'eau jusqu'à mi-corps, quand, un peu craintivement, je plonge le bout de mes orteils dans les flots sombres de la Didessa.

J'ai la surprise de trouver ce bain nocturne assez tiède, alors que l'air ambiant est déjà plein d'humides frissons. Le souvenir du soleil disparu traîne encore dans la crique. J'avance à petits pas, roulant d'une hanche sur l'autre, les bras écartés, en croix, comme les fléaux d'un balancier, afin de garder l'équilibre et de lutter contre la violence torrentielle du courant. Comme je l'ai vu faire à nos hommes, je tiens mon couteau de chasse dans mes dents, en travers.

Au moment où j'approche de l'épave, nos gens viennent de faire un effort d'ensemble pour la remettre à flot. Ils forment maintenant une ligne sombre qui sépare l'hippopotame du courant du fleuve. Ils sont prêts à le repousser sur la berge si, brusquement, il faisait mine de reprendre le fil de la Didessa.

Le déplacement des eaux est si violent que j'ai cru en être renversé.

Je comprends mal le sens de cette manœuvre, et, vivement, je demande :

— Que faites-vous donc ?

La voix d'Abdi réplique dans les ténèbres :

— Je viens de lever la tête du « goumari »
hors de l'eau. Et nous avons mesuré la bête,
c'est un mâle ; il a de la taille.

Mes yeux commencent à s'habituer aux ténèbres. Je suis maintenant assez près de la bête
pour la toucher. J'aperçois à fleur d'eau cette
tête que quatre hommes soulèvent. Le cadavre
en est comme doublé de longueur.

Les Gallas écartent les gencives : ils décou-
vrent les deux dents formidables de la mâchoire inférieure ; leur développement semble
incompréhensible, si l'on songe que celui-ci a
été créé pour mâcher de l'herbe, et sommeiller
au fond des fleuves. Tel, il apparaît mons-
trueux par le rapprochement exagéré d'une
gueule et d'un ventre tassés, l'un contre l'autre,
hissés maladroitement sur quatre moignons.

A ce moment un frisson passe sur nous, et
l'eau qui clapote dans la crique subitement s'ar-
gente. Derrière les bambous du mont Maretchi,
la lune vient de se lever. Elle monte, ronde et

rapide, dans le ciel libre de nuages. Penchés sur notre besogne de dépeceurs nous n'avons pas distingué les premiers rayons lancés ainsi que des flèches, au front des futaies du Handeck. La clarté qui, brusquement, illumine notre travail, nous surprend, comme sur le fait d'une œuvre défendue, une de ces besognes de meurtre qui sont à l'aise dans le secret des ténèbres.

La nuit opaque avait comme rétréci le paysage, rapproché les bords du fleuve, fermé au-dessus de nous une voûte lourde, qui, peut-être, joignait les arbres épineux du Handeck aux bambous de Maretchi.

Le clair de lune rouvre l'espace, il agrandit toutes choses ; après cette épreuve de la disparition dans l'ombre, il recrée des apparences nouvelles, plus nobles que les réalités du plein jour, — tel un spectacle de beauté réfléchi dans le souvenir.

Les hommes m'apparaissent à présent en ombres chinoises, détachées nettement sur l'écran lumineux. Avec les pointes de leurs couteaux entre la cuisse et l'épaule, ils ont rayé le cadavre du goumari de deux lignes horizontales. Une ligne transversale, tracée sur le flanc, parallèle à la colonne vertébrale, a permis de soulever la peau spongieuse, grasse et molle. Sous le jeu actif des coutelas, cette peau se détache lentement du flanc rose. Elle se rabat en arrière sur le flot. Au toucher, elle a le grain, l'aspect rugueux d'une écorce de liège que l'on sépare du tronc. A mesure que le travail du dépeçage avance, des hommes, postés vers la tête et vers la croupe, font tourner la bête comme sur l'axe d'une broche.

Mais parfois le poids formidable est le vainqueur. Soutenu par le fleuve qui donne à son immobilité des apparences de sursauts, l'énorme cadavre glisse entre nos mains. Il tourne seul, il échappe au martyre des couteaux. On dirait le suprême effort d'une agonie luttant contre des meurtriers.

Alors, entre la nuit et la lune, la scène devient lugubre jusqu'à serrer le cœur.

J'ai laissé ma montre à l'une des sentinelles. Je l'interpelle, je demande :

— Dinessa ! Quelle heure est-il ?

Nous attendons assez longtemps que l'homme se fouille, épelle, sur le cadran, la position des aiguilles. Les couteaux ont cessé de fouiller le flanc du goumari. Immobiles comme des miroirs, ils réfléchissent les blancs rayons de l'astre. La sentinelle dit enfin :

— Il est neuf heures.

Nous sommes en route depuis quatre heures du matin. Passionnés par cette chasse, nous avons laissé s'écouler la journée entière sans songer à prendre quelque nourriture. Je demande à Abdi :

— Combien de temps estimes-tu qu'il nous faut encore pour achever de dépecer l'hippopotame, et pour lui enlever ses défenses ?

Sans hésiter il répond :

— Quatre ou cinq heures.

— Et après, pour rejoindre le camp ?

— Deux heures, au moins.

— Avez-vous des vivres ?

— Nous ne pensions pas nous attarder jusqu'à la nuit au bord de la rivière. Nous n'avons rien gardé avec nous.

Il y a longtemps, pour ma part, que l'eau de la Didessa ne me semble plus tiède. Ces rayons de lune l'ont sûrement glacée, et, le long de mon échine, je commence à sentir des frissons de fièvre.

Je demande encore :

— Pouvons-nous attacher le goumari avec des lianes, afin d'empêcher que le courant ne l'enlève, et revenir ici, demain, à l'aurore, pour finir notre travail ?

Une seconde, les hommes se consultent, puis mon chef-domestique prononce :

— Si vous laissez ce corps tout seul, si près de la rive, le lion ou l'hyène viendront. Ils entreront dans l'eau, et sûrement ils gâcheront la peau que nous avons à demi détachée.

Je ne dis pas non, car, par le témoignage général des chasseurs de fauves, je sais que le lion lui-même ne dédaigne pas de prendre sa part des gibiers qu'il trouve tout tués, à condition que la mort soit récente et la chair fraîche. Je suis perplexe :

— Que me conseilles-tu ?

— Il faut laisser ici trois hommes, qui veilleront sur le goumari et qui empêcheront l'approche des bêtes. Demain, on leur enverra des renforts, en hommes et en mulets.

— Mais ces malheureux sont à jeun depuis le lever du jour !

— Ce ne sera pas la première fois de leur vie qu'ils resteront vingt-quatre heures sans manger.

— Soit. Mais commande-les toi-même.

— Tout de suite... Borou !

— Présent !

— Tu vas rester de garde cette nuit au bord de la rivière, avec les deux Gallas.

Je regarde Borou pour voir s'il fait la grimace. C'est un magnifique gars, dans les vingt-cinq ans, avec une poitrine d'aigle, des yeux souriants, un vrai bronze du musée de Naples. Il reçoit l'ordre sans manifester ni mécontentement, ni surprise. Ces corvées-là se présentent souvent dans les parties de chasse et la pensée de consumer une nuit dans le brouillard fiévreux du fleuve, à jeun, à peu près nu, entre le cadavre du goumari et la venue possible des fauves ne l'étonne pas. Il dit seulement:

— C'est bien. Mais les Gallas et moi nous n'avons que deux lances et trois couteaux. Vous nous laisserez un fusil pour nous défendre.

Je sais qu'il ne faut pas montrer aux hommes l'étonnement que me causent parfois leur simplicité de courage et leur exactitude de discipline. Tout de même, au moment où j'enfourche mon cheval, pour aller rejoindre nos tentes lointaines et la chance de quelque souper, je ne me retiens pas de dire à ce bon soldat :

— Borou, tu viendras me trouver demain matin, à ta rentrée au camp. J'ouvrirai ma malle aux cadeaux. Je te donnerai une cartouchière.

Borou est très content. Il passerait, pour bien moins, plusieurs nuits de garde entre l'hippopotame et le lion. La dernière vision que j'ai de ce beau garçon brun et nu, maintenant éclairé de flanc par le feu que nos hommes ont allumé sur la berge, c'est un sourire qui montre toutes les dents blanches.

Nous revenons le long du fleuve, sur les pierres croulantes, en bataille avec les lianes, avec les troncs d'arbres qui barrent la route; mais tout de même nous ne nous plaignons pas. Il y a une satisfaction égoïste — elle n'est pas sans charme — à songer que nous nous éloignons du feu de Borou, pour nous rapprocher du feu de notre camp.

Au-dessus des têtes, la lune est maintenant perpendiculaire. Jamais je ne l'ai vue plus ronde, plus sereine, plus transparente. Abdi, qui marche à la tête de mon cheval, la regarde fixement, et, soudain, se tournant vers moi:

— Il y a, dit-il, des montagnes dans la lune... On les voit nettement ce soir... Y a-t-il de l'or dans ces montagnes-là?

Je réponds avec un sourire :

— Je n'y suis pas allé voir, mon camarade.

Mais Abdi ne plaisante pas. Il est grave. Il

murmure entre ses dents, comme s'il se répondait à soi-même :

— Au fait, s'il y avait de l'or dans la lune, les Anglais le sauraient...

XII

LE CHEF DE MILLE

… Au sortir de la jungle, incendiée par le soleil couchant, la clairière apparaît comme une oasis en pleine dune. Nous venons à peine d'y planter notre tente et d'établir le camp : un soldat accourt en hâte. Il annonce la visite d'un homme d'importance, qui était installé à un kilomètre de distance, plus près de l'eau.

On a si soif, on est si las, que l'heure est mal choisie pour échanger des paroles vaines.

— Qui donc est-il, cet homme-là ?

— Un Chef de Mille.

— Que le diable l'emporte !

Mais le diable n'emporte pas le « Chef de Mille » : il l'amène.

J'ai devant moi un militaire d'une cinquantaine d'années, dont la tête nue, encore très noire, est rasée à la « Titus ». Le front est saillant, le masque de peau très ridé, très mobile sur le squelette. Pas de sourcils visibles, mais des pommettes en grand relief, des joues glabres, une moustache grêle, un poil léger au menton; quelques points de petite vérole heureusement distribués. Les dents sont éclatantes dans la face bronzée. Les lèvres fraîches, roses, entr'ouvertes ; et, au-dessus de ce sourire franc, deux yeux d'un brun ardent, pétillants de la joie de vivre, illuminent, par leur éclat de persistante jeunesse, une expression de contentement général.

La « chama » d'une éblouissante blancheur, à bande de pourpre, comme une toge de sénateur romain, est rejetée sur l'épaule droite. Autour du cou, le « Chef de Mille » porte ce cordon noir, dit « cordon de chrétien », qui, théoriquement, devrait soutenir une croix. Un cure-oreille y ballotte. D'ailleurs, ce soldat exhibe à son poignet gauche des « gris-gris » qui sentent leur sorcellerie musulmane, et, dans de petits sacs de peau, des versets, tirés de l'Évangile ou du Koran, à des fins de conjuration.

Ce visiteur s'avance la main tendue, la joie sur le visage, comme si nous étions des amis de toute la vie qui se rencontrent par fortune.

— Comment allez-vous?... Vous avez fait bon voyage?... Moi aussi... Je vous remercie... Asseyons-nous... Le soleil est chaud... Nous aurons plaisir à nous rafraîchir...

Il égrène les demandes et les réponses sans nous laisser le loisir de placer un mot. Et, avec une bonne grâce qui devance toute question, il dit rapidement :

— Je me nomme Bacha-Kassou... Je viens, avec mon équipage, au-devant du Ras Makonnen. C'est pour grossir son cortège. Je suis de mon gouvernement... Vous, vous êtes du vôtre?... Notre père commun est à Jérusalem... Et, quand on voyage, si on ne peut pas réqui-

sitionner, le voyage n'a plus d'agrément...
Oualdé-Mariam !...

Un soldat s'avance à la hâte. Il se penche, il
approche son oreille attentive des lèvres roses
du « Chef de Mille ». Et, quand il a disparu,
prompt comme l'éclair, le Bacha-Kassou prononce sentencieusement :

— Ce qui sort de la bouche prouve ce qu'est
l'homme... C'est David qui l'a dit.

Le soldat ne fait qu'aller et venir. Il reparaît
avec cinq ou six compagnons, qui encadrent
une jeune personne accorte et rebondie à
souhait. Sur son épaule, cette belle enfant
porte une cruche d'hydromel bouchée avec un
bouquet d'herbe. Le « Chef de Mille » considère avec un sourire de jubilation ce vase, et
les bras nus qui l'inclinent. Il fait sortir d'un
étui en filali le gobelet de corne blonde où lui-
même il se rafraîchit sur le chemin. Il veut
que nous y buvions avant lui. Il regarde la
liqueur d'or couler dans le gobelet, monter à
nos lèvres, y disparaître. Il la suit jusque dans
nos gosiers. Il est excessivement heureux, et,

quand je fais remarquer que nous allons
épuiser sa provision de « tedj », il répond
avec la confiance d'un vieux routier habitué
à compter sur la Providence des grandes
routes :

— Buvez cet hydromel sans inquiétude...
C'est Dieu qui nous l'envoie !

Cependant, le Bacha-Kassou ne désire pas
seulement nous rafraîchir, mais nous émer-
veiller. Il prend le menton de la jeune échan-
sonne :

— Elle est gentille, n'est-ce pas ?... C'est ma
femme de chambre... Je l'emmène toujours
quand je voyage... pour faire le pain... une
foule de petits travaux... Mais il faut que vous
voyiez aussi mon cheval... Et mon mulet...
Oualdé-Mariam !... Orata !... Oualdé-Giorguis !...
Amenez mon cheval et mon mulet !

Il se tourne vers nous ; il est tout gonflé du
bonheur de vivre grassement :

— J'ai, dit-il, une maison à Fouré, près de
Addis-Ababa... J'en ai une autre près de l'endroit où est enfermé le Ras Mangacha... A Bou-

rouméda, au lieu dit Boullou, dans le pays du Ras Mikaël, j'en ai une troisième... Et j'ai de tout!... Le Ras Makonnen le sait... Il connaît le compte... Et ces maisons se tiennent comme les doigts de la main... Et tout le pays le sait... Mais, regardez!... Regardez donc!... Ho!... Ho!... Holà! Hôhôôôô!...

En bride, par la main, un des soldats vient d'amener le cheval de guerre. C'est, sous une housse bleu pâle, frangée d'argent, une bête légère et ramassée, où le sang arabe pétille.

— Monte dessus, Oualdé-Mariam!... C'est cela!... C'est cela!... Et du talon!... Du talon!... Ah! ah!... Mais voyez donc!... Il ne galope pas! Il vole!... Hourrah. Naddo!... C'est le nom de mon cheval!... Un animal inouï!... Il flaire l'éléphant à la chasse!... Il vous plaît!... Il est à vous!...

— Nous reparlerons de cela tout à l'heure, mon cher Bacha...

— Et mon mulet!... Regardez mon mulet...

— Oui, voilà un bel animal.

— Tout ce que j'ai est béau... Je suis le

chef des Chasseurs d'Éléphants de Laga-Koura, Bacha-Kassou, Chef de Mille.

Il rayonne, il s'exalte. Son sourire s'élargit indéfiniment, met sa bouche exactement horizontale.

Évidemment, le Chef de Mille attend que nous répondions par quelque politesse à tant de prévenances. Nous sommes trop contents de souper en compagnie d'un homme si heureux. J'invite le Chef de Mille à partager notre repas du soir.

— A une condition.

— Laquelle, mon cher Bacha?

— C'est que vous accepterez mon cheval... Et quand vous verrez l'empereur, vous lui direz : « J'ai rencontré sur ma route le Bacha-Kassou... Celui qui a trois maisons... Vous le connaissez?... » Il me connaît... « Et Bacha-Kassou... »

(Le Chef de Mille prononce son propre nom lentement, tout bas, avec des lèvres respectueuses, comme en usent les petites gens qui le craignent.)

« ... Et Bacha-Kassou nous a offert,.. »

— Nous reparlerons de cela à souper, mon cher Bacha.

La nuit tombe sur les coteaux de Chiffey-Inani. Les herbes, les arbres, la terre rentrent dans le repos après la grande ardeur du soleil; mais les pièges de mort se tendent dans l'ombre, pour les vies qui se meuvent.

— Allumez les feux... Placez les sentinelles... Dressez la table. Couvrez-la d'un morceau d'aboudjidide neuve... Sortez toutes les bouteilles de liqueur des caisses clouées... Et allumez tous les « fanous »... Ce soir, nous traitons un « Chef de Mille », le Bacha-Kassou, l'homme aux trois maisons.

Le voici. Il a revêtu une toge encore plus blanche que l'autre, plus fine, et dont la bande de pourpre est encore plus sanglante. Il laisse ses chaussures à la porte de la tente. Il est toujours aussi gai, mais un peu recueilli. Il voudrait traverser avec les façons d'un homme qui a de l'usage l'épreuve de ce repas, assis sur des chaises, à la mode des Européens. La lumière des « fanous » se reflète heureusement dans ses pommettes saillantes. Il dodeline de la tête. Il avance ses lèvres roses en entonnoir, tandis que je lui verse un verre de chartreuse. Et aussitôt, avec la chaleur de l'alcool, le feu de l'héroïsme lui remonte dans les veines. Il se ressouvient de ses campagnes, des batailles où il s'est distingué :

— J'ai été blessé à Makalé... Le Ras et moi nous étions à côté l'un de l'autre... Et Dieu y était aussi.

Il porte la main à ses culottes d'un geste brusque qui nous cause un instant d'inquiétude. Mais non. Il ne songe pas à nous montrer la balle qui lui a percé la cuisse. Il cherche dans sa cartouchière le petit morceau de plomb, gros comme un dé de fillette, qui lui était entré dans le front, et qu'un médecin grec en a fait sortir.

— Encore un petit peu de chartreuse, s'il vous plaît...

Le vin qu'il a goûté tout à l'heure, du bout de sa langue rose, ne l'a qu'à demi satisfait.

Il ne le trouve ni assez fort, ni assez sucré. De même le ragoût d'antilope et les saucisses crevées sur du riz ne lui disent rien qui vaille.

— Je n'aime pas la viande... depuis que j'ai été blessé... Je n'aime que le poisson...

Il porte ses deux mains vers sa poitrine, pour rendre témoignage que ceci est la vérité pure. Il lève les coudes en l'air dans le mouvement d'ailes d'un chérubin qui s'envole.

— Ouvrez une conserve de saumon.

Évidemment, le Chef de Mille aurait préféré une boite de sardines, et cette chair rose, informe, le désoriente un peu. Il mange tout de même avec des coquetteries de jeune chat auquel on présenterait une tête de merlan. Pour relever le goût du poisson, il prend à plein couteau, dans la salière, du poivre de Cayenne. Il se l'applique sur la langue en petits tas. Comme la piqûre se fait attendre, il demande qu'on envoie chercher son poivre indigène, dont le coup de fouet est plus vif.

Maintenant, nous lui versons la chartreuse

comme de l'eau rougie, à plein gobelet, et, dans la joie où le plonge le bien-être, il est traversé de la certitude mélancolique que les bouteilles se vident, que les soleils meurent :

— Demain, nous serons de la poussière... Est-ce que nous ne sommes pas de la poussière?

Cette balle qu'il a reçue dans la tête lui a délayé du paradis dans la cervelle. Il pose son verre, il s'arrête, la main levée, l'index en l'air, comme un évangéliste qui enseigne. La minute des confidences approche :

— Je donnerais mon doigt pour qu'on le mange, que votre gouvernement et mon gouvernement sont d'accord... Bacha-Kassou peut parler librement devant ses hôtes... Un cheval meurt ?... Qu'importe ?... La jument reste pour en faire... Que Ménélick meure ?... Il faut envisager la mort... C'est un homme qui meurt... Le gouvernement reste...

La chartreuse lui a fait la diction un peu lourde. Elle empâte ses gloussements de tourterelle, tandis qu'il énumère tous les **Négus** dont il sait les noms et qui sont morts. Il ouvre les mains, il lève les yeux avec ce geste des personnages de sainteté qui voient les cieux ouverts. Il conclut :

— Et moi j'ai cent vaches.

Mais si la langue bredouille, sa pensée est restée nette. Au-dessus de l'ivresse montante plane, avec clarté, la politique de sa race :

— Les Italiens, on ne leur en veut pas... Nous nous sommes battus, et Dieu a décidé... S'ils avaient été vainqueurs, ils n'auraient pas eu le fruit... Ce sont les Anglais qui les ont poussés... Les Anglais, on les connaît !... On les pèse comme dans la main... Je voudrais les manger !

Il me saisit par le poignet, et, mystérieusement, tout près de mon oreille, avec les glouglous d'une bouteille qui se vide, il articule :

— Ces gens-là n'ont pas de soldats... Ils en louent... Ils font battre les autres... Le Ras le sait... Autrefois, l'empereur Jean est mort en combattant les Derviches... Qui en a profité?

... Un coup de feu parti sur la droite, aux limites du camp, coupe en deux la période. Mes compagnons et moi nous levons :

— Qui a tiré?

— Abdi... Il vient de tuer une hyène.

Le Chef de Mille, lui, n'a pas quitté la table. Il incline un peu vers la nappe son verre à moitié vide, et il prononce :

— L'Anglais, l'hyène est sa mère... Qui est son père?

XIII

SUR LES PAS DU LION

Aujourd'hui, commencent pour moi les émotions de la grande chasse. Nous abandonnons la piste impériale. On va prendre à travers torrents, plaines et montagnes, à la recherche de la grosse bête. Le fort de notre troupe, les animaux de somme, les bagages trop lourds, continueront la route par les voies communes. Nous espérons les rejoindre dans deux semaines.

Ce camp de Lagardhine, où, ce soir, nous dormirons pour la dernière fois avec tout notre monde, est une belle terrasse, au-dessus d'un formidable torrent. Derrière, la brusque montée de la montagne. En haut, un poste téléphonique ; — entendez une grande case ronde, couverte en chaume, d'où l'on peut causer avec le Négus dans son guébi d'Addis-Ababa.

J'y monte, vers les quatre heures, pour échanger un salut avec le ministre de l'Empereur, M. Ilg, et pour le mettre au courant de nos projets.

— Allô ! Allô ! C'est vous ? Comment allez-vous ?

Malheureusement, la fin de la causerie ne répond pas à ces excellentes prémices. Nous avons l'autorisation de tuer tout ce que nous attraperons, *excepté* l'éléphant, qui est chasse réservée. Il n'y a pas à mettre en doute la bonne grâce de l'Empereur. C'est M. Ilg qui prend cela sous son bicorne de ministre. Il m'attend à Addis-Ababa, pour faire de la sérieuse besogne, et il craint que son colis n'arrive endommagé. Et, en effet, il court ici ce proverbe :

« Les éléphants ont tué plus d'Abyssins que les Abyssins n'ont tué d'éléphants. »

Nous espérons nous rattraper sur les grandes antilopes, l'autruche, l'hippopotame, sur le lion, infiniment moins dangereux que la bête aux défenses d'ivoire. Cette région en est « pourrie ». On a tué dernièrement, à cette même place, une bête qui avait mangé six hommes. C'est le péché des vieux lions. Ils ne peuvent plus chasser. Alors ils étudient les mœurs régulières des gibiers, et ils se postent à l'affût. Or, entre toutes les bêtes qui ont des habitudes fixes, l'homme est le plus méthodique. Tous les jours, il va puiser de l'eau au même endroit... Le lion le sait, et il s'embusque.

Avant le coucher du soleil, je tire un peu à la cible avec mon camarade Carette. Bons résultats. Je me suis procuré une branche de bois fourchue pour appuyer le winchester, s'il pèse trop lourd sur mon bras, qu'un coup de pied de mule a disloqué.

Ce matin, en distribuant les cartouches,

nous avons passé la revue de notre petite troupe. C'est le fossé de Gédéon. On n'emmène que les tireurs qui ont fait leurs preuves de sang-froid. En première ligne, un certain Zarafou dont je vous parlerai tout à l'heure. Interrogé sur les accidents mortels qu'il a vus dans des chasses à l'éléphant, il me répond :

— Qu'est-ce que cela me fait que les autres meurent ? Je ne les regarde pas !

Un poète décadent a trouvé une phrase heureuse pour caractériser ces infortunés qui tombent dans le chemin, sous les pieds de la bête. Ne les a-t-il pas appelés : « les vagues humanités » ?

Après Zarafou, et sur le même plan, l'homme le plus robuste et certainement le plus intrépide de notre bande est Djimma. J'ai ouï dire qu'en « temps de paix » les proches et les voisins de Djimma considèrent ce géant avec quelque méfiance.

Dès que le risque de la vie est en jeu, Djimma devient une espèce de bon génie des grandes routes et de la bataille avec les bêtes. Sans parler des éléphants, il a tué un rhinocéros, tout seul, avec la carabine Lee-Metford qu'il a en ce moment sur l'épaule. Il n'a pas donné à sa victime le temps d'un sursaut : il lui a coupé les jarrets et l'a achevée au sabre.

Djimma est plus que jamais attaché à la garde de mes quatre membres. Il m'estime pour quelques prouesses de carabine que j'ai eu la chance d'exécuter en sa présence. Il n'est pas non plus insensible au partage que je fais avec lui, sur le pied d'une fraternelle égalité, de ma gourde de cognac et de mes boîtes de tabac.

Mon garde du corps sera, sur le flanc gauche, un homme que je connais moins, mais qui lui aussi, a, ses six pieds de haut, une carrure de cerf-volant et un bon visage, assez souriant, entre une petite paire de favoris courts. Il se nomme Oualdé Tadick (Fils des Saints). Il porte également à l'oreille la boucle d'oreille des tueurs d'éléphants.

Carette a deux Issas pour l'encadrer : Miguéné, qui est allé au lac Rodolphe, un petit homme haut comme une botte, mais d'une énergie indomptable. Et aussi ce jeune Guellé qui ne rêve que de « zigouïer » et qui, avec sa jolie figure de beauté, presque douteuse, est le meilleur liseur d'empreintes d'une bande où l'on fait plus de cas d'un homme qui déchiffre une piste que d'un expert assermenté en écritures.

De Soucy est, lui aussi, bien servi et appuyé. Cela fait, en tout, quinze hommes armés de façon redoutable, et qui, ma parole, se nourrissent avec de la fatigue et des douilles de cartouches.

Nous avons, pour nous conduire, un vieil homme d'une cinquantaine d'années, sec comme une matraque. Il habite depuis l'enfance ce pays perdu. Il y a gardé les troupeaux quand il était gamin. Il connaît le lion comme un petit enfant, dans le faubourg Saint-Antoine, connaît le clerc d'huissier, qui, tant de fois, a fait déménager les pauvres frusques de sa famille...

... J'écris ces notes, rentré au camp, après

avoir vu toute la journée à l'œuvre ce vieux batteur de montagnes. Sa lance à l'épaule, son sabre au côté, il a marché, du petit matin au coucher du soleil, sans prononcer dix paroles. La plus longue période qui soit sortie de sa bouche lippue, plissée, comme son front, par le sentiment d'une responsabilité grave, a été, pendant la demi-heure qu'a duré notre repos sommaire, cette observation, impérieusement formulée :

— Le soleil baisse... Il faut repartir.

Il ne voulait pas nous laisser surprendre dans les gorges par la trahison des ombres.

Bien des gens refuseraient le nom de chemin à la piste que nous suivons à l'ordinaire, et qui. en l'absence, certainement complète, d'ingénieurs des ponts et chaussées pour la tracer, de terrassiers pour la mettre au point et de cantonniers pour l'entretenir, a du moins pour elle le voisinage à peu près constant du fil téléphonique qui relie le ras Makonnen avec le ghébi du Négus. De quel nom ces délicats désigneraient-ils la suite d'éclaircies dans la brousse et de foulures dans la jungle que l'on nomme « sentier » à deux cents mètres en balcon au-dessus du torrent de Laghardine ? Tous les dix mètres, il faut dégringoler de nos mules. Elles ne demandent pas mieux que de monter et de descendre par des pentes de quarante-cinq degrés. Mais quand c'est un mur d'épines que l'on a devant soi ? Quand le sabre ne réussit pas à l'entamer ? Quand les mimosas obligent un homme à marcher à quatre pattes ? Bien malin qui resterait en selle. Le caoutchouc de Carette, qui était ficelé sur ses fontes, est arrivé en lambeaux. Mon bon manteau militaire, heureusement roulé à l'envers sur mes sacoches, n'a plus de doublure. Il a l'air d'une pelote d'épingles, tant les mimosas y ont fiché d'épines.

Le silence de ce paysage de montagnes, abandonné par l'homme aux bêtes et aux végétations hostiles, nous serre le cœur à tous — aux blancs comme aux chasseurs à figure de bronze. L'ombre chasse d'ici tous les oiseaux. Les insectes ne bourdonnent point. C'est vraiment une excursion dans les régions bien nommées par les géographes de notre enfance : Monts de la Lune.

Ce silence extérieur s'aggrave du recueillement des énergies. Il n'a pas été nécessaire de commander aux bouches de se taire. Tous ces gens savent qu'ils ne vont pas à un jeu. Ce n'est point ici l'affût, où l'on est maitre de la bête que sa curiosité ou sa faim attirent à une place marquée. Issas et Abyssins n'ignorent pas, que, dans cette traversée de la brousse aux lions, ils sont le gibier. Le vrai chasseur est caché à tous les yeux. Il entend ceux qui viennent, et lui, il choisit sa minute pour se découvrir...

J'ai, dans mon enfance, laissé trop de culottes dans les forêts de France et de manches de veste aux épines du chemin, pour prétendre à cette heure que les gens de chez nous ne savent point ce qu'est un fourré. Dans la seule forêt de Saint-Germain, il y en a quelques-uns d'honorablement épais, où les ronces font d'assez beaux tas. Mais il n'y a pas à dire! Au cœur d'Afrique, le tas est plus gros. Imaginez, je vous prie, non plus un buisson, un fourré de ces ronces, mais une montagne qui, tout entière, en serait vêtue. Remplacez les épines de nos treilles à mûres par des dards de toutes les grosseurs, de tous les calibres, depuis l'épingle de tailleur jusqu'à l'alène du cordonnier. Élevez, au-dessus de cette première brousse, la forêt des mimosas rabougris, entre-croisant leurs branches vert pâle, liez le tout avec des lianes, les unes grosses comme des ficelles, les autres, tordues comme des câbles, articulées comme les serpents de bois du bazar à treize, vous aurez une idée de la brousse où, ce matin, pendant quatre heures, nous avons rampé, déchiré nos habits, nos mains, nos figures et nos cuisses, roulé sur des pierres, élevant désespérément, — tels des nageurs, — nos carabines prêtes à jeter leurs balles.

Hélas ! ma pauvre mère, que, vers ma sei-zième année, j'inquiétais parce que, sur un cachet familier, j'avais fait graver cette devise : « Sentir ! ». Le goût du frisson, de la minute où l'on se tâte, est resté à l'écolier, malgré les années qui lui viennent. Je confesse que j'ai passionnément désiré cette émotion-ci. Elle m'avait fui au Maroc, en Algérie. Je la tiens et je la savoure.

Soudain, arrêt brusque. Que se passe-t-il à la tête du serpent que nous formons dans l'herbe? Comme j'en suis le quatrième anneau, me voilà vite sur la place. Accroupis sur les talons, on examine des traces dans la boue encore humide des pluies d'avant-hier. L'empreinte, large comme une main de forte paume, est presque ronde. Quatre affaissements symétriques y dessinent comme les feuilles du trèfle qui porte chance. Le vieux guide à la lance hoche la tête :

— Embassa... Embassa... Le lion...

On est venu pour les voir, ces traces. On veut les suivre jusqu'à la bête. On ne souhaite rien tant que le court tête-à-tête, l'éclair de la fusillade, l'inconnu qui est derrière. Pourtant, avec le mot mystérieux, la petite émotion court, chuchotée de bouche en bouche, jusqu'aux gardiens des mulets qui viennent en queue de notre file :

— Embassa... Le lion...

Cette ruelle entrecoupée de broussailles, c'est lui qui l'a tracée, entretenue avec le poids de son corps. Comme l'heure est trop avancée pour que nous le trouvions au gîte, et trop matinale encore pour que la bête descende boire au ruisseau, nous traversons ce bouillonnement d'eaux limpides, afin d'escalader l'autre rive et de nous engager dans la brousse qui est derrière. Bien entendu, il n'est plus question de mulets. Ils rejoindront comme ils pourront, traînés par leurs gardiens.

XIV

ZARAFOU

Au bout d'une semaine de route, on commence à distinguer dans la confusion d'une troupe les hommes qui encadrent les autres, ceux qui sont bons à recouvrir avec leurs pieds nus les empreintes d'un mulet, et ceux qui sont gens d'avant-garde, prompts à flairer le péril, heureux d'y courir.

Entre tous ces garçons de poudre qui ont fait leurs preuves sur les grandes routes, il y en a eu un que j'ai remarqué pour la sobriété de ses mouvements, l'indépendance de sa politesse, la dureté de son regard. Il est, comme moi-même, coiffé du casque et vêtu d'un complet en kaki, acheté à Djibouti, chez les tailleurs indiens. Cette imitation de l'accoutrement européen n'est point chez Zarafou un désir de plaire à ses maîtres. Il n'a au monde qu'une passion : la chasse. Il a déposé la chamma, parce que ces plis de toge l'embarrassent pour sauter à bas de selle, pour ramper dans la broussaille, pour épauler le fusil. Il a adopté le kaki parce que cette toile jaunâtre fond le chasseur dans la terre, et que les bêtes, effrayées du blanc, le distinguent mal sous la livrée brune.

A ses oreilles vigilantes, Zarafou porte deux anneaux d'or vierge. Dans les grandes circonstances, trois pendeloques s'y accrochent de chaque côté. Ceci n'est point une vaine parure, mais une décoration de guerre. Le pendant d'oreilles est, en pays abyssin, un emblème qui équivaut à notre médaille militaire. Au temps passé, l'empereur l'accordait au soldat qui avait tué quarante ennemis ou abattu un éléphant. Mais, en tout pays du monde, il a fallu abaisser le niveau de l'héroïsme à la taille des contemporains. L'éléphant d'aujour-d'hui ne vaut plus que vingt hommes. Les six breloques de Zarafou ont été calculées à ce taux. Cela fait encore un total de cent-vingt guerriers dont les têtes sont estimées au prix de douze défenses.

D'ailleurs, Zarafou a aussi visé le Galla et il l'a tiré avec succès. Le bracelet d'argent qu'il porte au poignet gauche est un autre insigne de valeur militaire. Il signifie « dix morts ».

On dit que dans l'ombre de chaque homme apparaît la bête qui incarne sa passion domi-nante. Derrière celui-ci, c'est un objet qui est visible : un tromblon. Sa lèvre féroce et qui souligne chaque mouvement des yeux s'avance, se retourne dans la colère, pour jeter des mots qui frappent comme de la mitraille. Je vois qu'on les reçoit et qu'on fait le mort, pour éviter la récidive et le piétinement. Céder à Zarafou, se taire quand il injurie, ne passe point pour une lâcheté dans notre troupe.

Je l'ai souvent interrogé sur les péripéties

de ses chasses à la grosse bête, sur la pénétra-
tion des diverses armes dont il s'est servi, sur
les places qu'il vise de préférence lorsqu'il a le
choix. L'autre jour, je me souvenais de ce
proverbe cité par M. Ilg :

« Les éléphants ont tué plus d'Abyssins que
les Abyssins n'ont tué d'éléphants. »

Et je demandais à Zarafou :

— As-tu jamais vu tes compagnons tomber
autour de toi ?

Il a répondu avec sa moue terrible :

— Qu'est-ce que cela me fait que les autres
meurent ?... Je ne les regarde pas.

Tel quel, Zarafou est dans une campagne de
chasse le compagnon idéal. Je ne dis pas seulement qu'il a le flair des distances, qu'il sait
régler sa hausse et placer sa balle. Avec le
temps, un Européen peut acquérir ces pratiques.
Mais ce que nous ne posséderons jamais, c'est
l'art qu'un Zarafou déploie pour se traîner,
pendant une heure, à plat ventre, sur la terre,
pour se cacher derrière un arbre sans feuille,
derrière une touffe de simbalette, afin d'appro-

cher le gibier inconscient à la portée où une balle touche et tue.

Que de bêtes j'ai perdues avec une blessure mortelle et que Zarafou aurait rattrapées à la course! Un jour, au Pays Carayou, nous le vîmes revenir, poussant devant soi, comme un mouton ramené au troupeau, une antilope expirante. Il l'avait traversée de part en part avec une balle explosible. Il la trouvait trop lourde pour ses épaules, et, de la pointe de son couteau, il obligeait cette agonie à marcher vers nos tentes.

Une autre fois, j'avais exprimé le regret de n'avoir pu approcher l'antilope bubal, assez près pour placer dans ma collection ses cornes splendides. Celle-ci est haute comme un pur sang et tout aussi rapide. Le feu que, pour chasser les grands fauves qui mutilent leurs troupeaux, les Aroussi avaient mis dans leurs plaines ne m'avait point permis d'atteindre la bubal à cheval. Zarafou sut mon regret. Il disparut douze heures. A la nuit, la peau et les cornes de la bubal gisaient devant ma tente.

A chasser l'éléphant, j'en sais plus d'un qui

est devenu riche. En effet, quand la bête tombe, la défense qui touche la terre appartient à l'Empereur, mais l'autre bloc d'ivoire est vendu au profit de celui qui a tué. Zarafou a eu six fois dans les mains de quoi acheter une terre, des bœufs et bâtir une maison. Chaque fois, les cartes l'ont ruiné, encore qu'il passe pour corriger la chance et qu'on l'accuse de tricherie, quand il n'est pas là.

Tout joueur emprunte. Zarafou n'a pas seulement dissipé les thalers que lui avait rapportés sa chasse, il s'est engagé chez les usuriers d'Addis-Ababa sur les chances qu'il a de vendre des défenses dont les propriétaires piétinent encore les pâturages du Ouallaga et les marais du Dabous.

Et les gens de bon conseil lui disaient :

— Ne va point à Addis-Ababa... Tu dois et tu connais la loi !...

Zarafou a-t-il craint qu'on l'accusât d'avoir eu peur, ou s'est-il imaginé que nul n'oserait le citer devant l'Afanégous ? Il est monté avec moi jusqu'à la capitale.

Le lendemain de notre arrivée, l'Impératrice m'avait envoyé un bœuf en présent. C'était un zébu noir amené la veille des pâturages de la Metcha. Quand l'animal s'est vu enfermé dans l'enceinte palissadée, où l'Empereur a logé son hôte, la peur l'a pris. Tête baissée, il s'est rué sur nos tentes, brisant les cordages, jetant l'épouvante dans le clan des servantes et des domestiques. Nos carabines n'étaient point armées que déjà Zarafou avait couru sus à la bête. A tour de bras, il la frappait entre les cornes avec le bois déferré d'une lance. Sous cette grêle de coups, le zébu ne s'arrêtait pas de charger. Nous crûmes l'homme mort. A la dernière seconde, le chasseur se jeta de côté, comme un planteur de banderilles. Et ce fut encore lui, qui, plus tard, arrêta d'une balle à l'épaule l'animal furieux, échappé dans la campagne. Il lui coupa la gorge sans lui donner le temps de se relever. Puis, certain que la bête lui appartenait maintenant autant qu'à moi, il tailla dans la cuisse une livre de chair, et il la mangea crue, sur la place, à la mode ancienne du pays, enivré du fumet de cette chair palpitante.

Ce fut son dernier exploit au cours de notre commune campagne. Je crus qu'il avait retrouvé des compagnons de jeu ou qu'il sollicitait l'autorisation d'aller, dans l'Ouest, tuer quelque nouvel éléphant. Mais, un soir, au moment où je m'asseyais devant le souper, l'interprète Balainé vint me dire avec mystère :

— Monsieur, c'est Zarafou qui demande à vous voir.

L'homme qui entra n'avait plus ni casque ni complet kaki. Il était enveloppé, à l'abyssine, de la toge blanche à bande pourpre. Le petit bandeau de mousseline blanche que l'Empereur porte dans tous ses portraits lui ceignait le front, selon la mode des premiers chrétiens. Sa bouche était toujours féroce, mais ses yeux avaient pris une langueur douloureuse, telle qu'il en passe dans le regard des bêtes blessées, lorsqu'elles doivent subir sans défense le couteau du chasseur.

J'avançai la main, mais mon visiteur ne

dégagea point pour cela son bras, enveloppé dans les plis de la chammâ blanche.

— Tu ne vois pas, Zarafou, que je te tends la main ?

Il poussa un soupir, et ayant laissé choir les plis de la toge, il découvrit une chaine qui était rivée à son poignet.

C'est la loi biblique. Ceux-ci ont pris au pied de la lettre la parole qui dit : « Le créancier et le débiteur sont attachés l'un à l'autre par un lien indissoluble ». L'homme qui a prêté devient le maître du corps de son débiteur. Il le cite d'abord devant l'Afanégous pour établir que l'autre partie doit et qu'elle ne peut acquitter sa dette. Alors le juge suprême fait apporter une chaine que ferment deux poignets de fer. On rive l'un au bras du débiteur, l'autre au bras du créancier. Désormais ces deux hommes ne pourront plus se mouvoir l'un sans l'autre. Ils ne recouvreront leur mutuelle liberté que le jour où les amis, les parents du débiteur se cotiseront pour étouffer la dette, au moins quand ils en auront payé une partie et qu'ils se seront portés garants pour le reste.

Selon l'usage, Zarafou faisait donc la tournée de ses parents et de ses amis. Il venait solliciter de son ancien maître quelque largesse.

Je connaissais l'exigence de la loi, et je lui dis :

— Zarafou, je vois bien le débiteur et la chaîne, mais où est le créancier qui devrait être rivé à l'autre bout ?

Le chasseur d'éléphants répondit avec un sourire indéfinissable, le seul que j'aie jamais vu passer sur ses lèvres farouches :

— Je lui ai donné ma parole que je ne me sauverais point, et il a supplié l'Afanégous de ne point l'enchaîner avec moi.

Il me parut que ce débiteur avait donné là une marque de jugement. J'en conclus que les affaires de mon chasseur s'arrangeraient. Et je ne sais pourquoi, à cette minute, je vis repasser sur l'écran du souvenir cette antilope à l'agonie, que, de la pointe de son couteau, Zarafou poussait devant soi, dans le pays des Carayou.

XV

ZAGA-CHRISTOS

Il y a parmi les innombrables magasins,
qui dans Addis-Ababa forment une ceinture à
la seconde enceinte du Guébi impérial, une
salle que l'on peut appeler la bibliothèque. Là,
sont accumulées les archives personnelles de
l'Empereur Ménélick, et les documents qui, un
jour, serviront à l'histoire du passé. J'ai con-
sumé de longues heures dans ce réduit à feuil-
leter les récits de missionnaires, à contempler,
hélas ! sans les·comprendre, ces manuscrits
rédigés dans des couvents éthiopiens, par des
moines de culture byzantine en cette langue

sacrée qu'on nomme le « ghèze », et qui, dans la littérature abyssine, voyage, parallèle et supérieur à l'idiome vulgaire, — l' « amharique », — comme en usent chez nous le latin et le français.

Parmi ces raretés précieuses j'ai trouvé une vieille chronique, rédigée en latin. D'une façon délicieusement pittoresque elle conte les aventures mondaines et galantes d'un jeune Abyssin de bonne maison qui vint visiter Paris et la cour de France sous le ministère de... Richelieu.

Il s'était déroulé en ce temps-là, — aux environs de 1632, — des événements d'un caractère quelque peu révolutionnaire sur la montagne abyssine. Le règne de l'empereur Susnéjos, qui trépassa entouré du regret unanime de ses peuples, avait été troublé par la fourberie de deux imposteurs. L'un des deux, — dont les aventures ne nous intéressent pas, — s'était fait passer pour la réincarnation du prédécesseur de Susnéjos. C'était un certain négus Jacob, qui, de fait, avait été tué, vingt-cinq ans auparavant, très définitivement, sur un champ de bataille.

Le second malandrin, le héros de notre histoire parisienne, se nommait Zaga-Christos. Il ne prétendait pas être défunt Jacob, mais son fils légitime — partant, son héritier naturel.

Il paraît à distance que le négus Susnéjos ne professait aucun goût pour les histoires de revenants. Il attira le faux Jacob dans un piège. Il le fit enterrer sans bandeau impérial, mais avec sa tête entre les genoux.

Zaga-Christos eut vent de cette cérémonie, quand il était encore temps, pour lui, de prendre une décision sage. Il avait suffisamment entendu parler de Paris pour savoir que c'est le pays du monde où un homme audacieux, qui a une figure agréable, quelques pièces d'or à jeter en arrivant, la volonté bien arrêtée de se faire passer pour un roi en exil, est assuré de trouver le plus grand crédit auprès de l'opinion publique, des dames et des bijoutiers. Notre réputation en cette matière d'hospitalité était déjà établie sous Richelieu, longtemps avant que des présidents de Républiques sud-américaines, retirés du commerce des révolutions, vinssent bâtir des hôtels princiers autour de l'Arc de Triomphe.

Mon auteur ne dit pas quel chemin Zaga-Christos prit pour se rendre en France, ni dans quel équipage il s'y présenta. Pour ma part, je le regrette. Il est infiniment vraisemblable qu'il apparut vêtu avec la richesse d'un Liqua-maquas, c'est-à-dire coiffé de la crinière de quelque lion, vêtu d'une tunique de soie indienne à petites raies multicolores, roses, vertes et blanches, rehaussée d'un boléro de velours de Gênes, bleu ou vert, soutaché, chamarré, raide d'or, la main droite appuyée sur le pommeau de quelque sabre de parade, très plat, très chargé d'orfèvreries, le bras gauche abrité par un bouclier recouvert de velours, violet ou rouge, tout clouté, tout lamé d'or massif. Dans un tel accoutrement, l'aventurier devait avoir fière mine. Sa carrure d'épaules, sa haute taille, le recommandaient aux hommes de guerre, comme aux femmes d'expérience. Les jeunes filles avaient un regard charmé pour son profil aquilin, les gens d'église appréciaient sa

politesse, la valetaille connaissait à son inso-
lence qu'il avait dû, dans son pays, occuper
un rang tout à fait illustre.

Sans doute, le voyageur avait eu la sagesse
d'apprendre le français avant que de se faire
présenter à Richelieu. Toutefois, Zaga-Christos
n'ayant pas eu le loisir d'écrire ses Mémoires,
nous ignorons ce que fut ce premier entre-
tien. Le ministre de Louis XIII savait quelles
entreprises les Portugais et les Jésuites avaient
déjà tentées en Abyssinie. Comme tous ceux qui
ont rêvé pour la France de hautes destinées, il
sentait la nécessité de se ménager des appuis
et des alliances le long du Nil. Défiant comme
il était, il reçut favorablement ce brillant étran-
ger, et lui, qui, à l'intérieur du royaume, avait
peu de goût pour les féodaux intrigants, il
accueillit volontiers la supposition que le négus
Susnéjos pouvait bien être un usurpateur, et
que Zaga-Christos avait toutes les raisons du
monde de réclamer la couronne et le trône
paternels.

En attendant que la bienveillance du ministre et la protection du roi de France prissent pour le prince dépossédé la forme d'une intervention politique, on alla au plus pressé : Zaga-Christos reçut une pension — mon auteur affirme qu'elle fut « considérable », — et on ouvrit au jeune exilé la Ville et la Cour.

Zaga-Christos n'avait pas seulement une belle figure : il parlait bien, et se servait de cette magie pour approcher les dames de très près. Les récits admirables qu'il pouvait faire de son pays inconnu n'étaient-ils pas une excuse suffisante à l'intérêt que le sexe aimable prenait, sans cachotterie, dans sa fréquentation ?

Il y a trace dans l'*Histoire des Africains*, publiée en 1764, de la nature de ces causeries.

D'abord, Zaga-Christos avait des aventures vraiment miraculeuses à rapporter au sujet des animaux à peu près fantastiques dont son pays est plein. Il disait les sortilèges du Feitan-Farass ou Cheval du Diable, qui ressemble à un homme armé de plumes, quoiqu'il ne soit que de la grandeur de la cigogne, qui marche avec gravité, et court, les ailes ouvertes, avec une, rapidité infernale. Il racontait les gentillesses du singe Tota dont un poète éthiopien donne une idée avantageuse dans ces vers composés en l'honneur de sa douceur :

> Je ne fais pas de mal à l'homme,
> Je n'endommage pas les moissons,
> On aurait tort de me haïr.

Mais le triomphe de Zaga-Christos c'étaient les histoires de « lions ». Il se représentait volontiers attaquant ces fauves, pour ainsi dire corps à corps, avec la lance et le bouclier. Ensuite, il indiquait qu'une de ses victoires lui avait conféré le droit de se coiffer d'une de ces crinières léonines. Il inclinait sa tête fière pour donner aux dames l'occasion de toucher à la rudesse de ces poils; et, s'il se relevait un peu brusquement, il arrivait que des visages attendris et charmants étaient agréablement chatouillés.

Il faut évidemment attribuer à ces talents

de conteur, plutôt qu'aux facultés un peu particulières que mon auteur désigne, sans discrétion par cette phrase — je me refuse à la la traduire — *erat in amore alter Hercules,* — il faut, dis-je, attribuer à cette séduction toute morale les succès psychologiques que Zaga-Christos eut auprès de diverses dames.

Notamment, auprès de l'épouse d'un conseiller au Parlement. L'attrait fut si fort que cette amoureuse, oubliant tous les devoirs du mariage et de sa position, suivit le bel Abyssin dans la maison que Richelieu lui avait fait meubler, pour le plaisir coupable de se faire frôler par la crinière de lion, toutes les fois que la fantaisie lui en viendrait.

Le scandale fut énorme. Mon auteur n'hésite pas à l'attribuer à la couleur du galant que la dame s'était choisi. Il faut avouer qu'elle était des plus foncées.

On décida en haut lieu que les débordements de Zaga-Christos auraient un châtiment exemplaire. L'honneur du Parlement tout entier semblait intéressé dans cet enlèvement.

On « ajourna » donc le prétendant en exil et le lieutenant criminel qui l'avait fait comparaitre l'interrogea avec sévérité :

— Est-ce la coutume, monsieur, demanda ce magistrat austère, que l'on en use de la sorte, dans votre pays, avec des femmes de conseillers ?

Zaga-Christos répondit avec assurance :

— Dans mon pays, quand une femme quitte un mari et le trompe, ce mari est toujours puni par les lois. On estime qu'il n'a pas fait son devoir. Si, par la suite, il prétend à une indemnité, il ne peut faire valoir son droit qu'après avoir satisfait en payant une amende au mécontentement de l'opinion publique.

Le lieutenant criminel reçut cette affirmation avec beaucoup de scepticisme. Il déclara qu'en cette matière le Droit abyssin et le Code français différaient radicalement. Il parla de loger le séducteur à la Bastille.

Mais Zaga-Christos reçut cette prétention de haut :

— Un mien pareil, s'écria-t-il, ne doit compte

de ses actions qu'à Dieu. Je ne vous répondrai pas davantage [1].

Le lieutenant criminel n'insista pas, mais lorsque vint à échoir le nouveau terme de la pension que le cardinal faisait payer à son protégé, l'homme qui apportait le précieux sac ne se présenta point.

Zaga-Christos fit demander des nouvelles de l'un et de l'autre. On lui répondit qu'il ne recevrait plus l'ombre d'un petit écu si, de bonne volonté, il ne consentait à quitter Paris pour aller habiter la campagne.

— Et où voulez-vous que je me rende?

On lui avait préparé une habitation suffisante sur une ferme, dans le village de Saint-Philippe-du-Roule qui était alors une banlieue en plein champ.

On affirme que la crinière du lion était tout à fait basse, le jour où Zaga-Christos opéra son

1. — *Abductâ Consiliarii cujusdam Parlamenti uxore, inquisitio contra eum decreta fuit. Citatus a Quæstore rerum criminalium comparuit quidem, sed accusationi respondere noluit; « un sien pareil », sui similem, inquiens, nemini, nisi Deo soli, actionum suarum rationem reddere teneri.*

déménagement. La femme du conseiller au Parlement ne faisait pas partie du voyage. Le prince en exil n'allait plus avoir d'autres amusements que les joies pures de la culture maraîchère et la vue, sur les grandes routes, des carrosses qui emportent des couples amoureux, vers des retraites campagnardes.

Il semble que ces deux distractions aient été également incapables de remplir la vie de Zaga-Christos. Il tomba dans une mélancolie encore plus noire que ce sombre visage qui avait paru aux conseillers du Parlement une aggravation de ses audaces. Il ne lui restait plus qu'à quitter la vie : il fit ce trajet par le plus court chemin.

Il y a deux versions sur sa mort : les uns pensent qu'il mourut si jeune, pour avoir trop confié à des conseillères la crinière de son lion. D'autres prétendirent qu'il avait spontanément demandé au poison la consolation que l'amour ne lui apportait plus.

Quand vous passez, aujourd'hui, de la rue de Courcelles dans le faubourg Saint-Honoré par la ruelle obscure qui longe l'église, vous foulez le corps de cet exilé. Ma chronique affirme, en effet, que ce fut au Roule qu'on l'enterra, en 1638.

(Haud procul Lutetiâ Parisiorum, anno 1638, sepultus fuit.)

On lui composa cette épitaphe que d'aucuns qualifieront de badine, et qui, en tout cas, est « déjà » bien parisienne :

Ci-gist le roi d'Éthiopie,
L'Original ou la Copie.

On ne dit pas si ce trait d'esprit fut une trouvaille d'une femme qui avait aimé Zaga-Christos.

XVI

LES FOURMIS

Quand, longuement, on a chevauché à travers des vallées et des plaines d'où l'homme est absent, où toute la place appartient aux épines agressives, aux végétations inconnues et démesurées, c'est pour le cerveau une satisfaction surprenante de découvrir des cultures, aux versants de quelques pentes, lavées par l'écume d'un torrent. C'est comme une revanche de l'homme sur la nature. Le spectacle de cette conquête est réconfortant.

D'ailleurs, elles sont charmantes, ces cultures des Gallas, — qu'ils fassent jaillir au bord d'un ruisseau l'énorme feuille du manioc dont la vue, en tout lieu où elle pousse, apporte avec soi un souvenir paradoxal de jardin public, — ou bien que l'on ait aligné des caféiers aux feuilles luisantes comme des camélias, — des pieds de « berberi », dont les innombrables fruits écarlates pendent en grelots, ainsi que des fleurs de fuchsias.

La beauté des créatures humaines qui se penchent ici sur le sillon, qui se relèvent avec curiosité pour voir passer notre troupe, est un autre charme de ces rencontres. L'homme, couleur de bronze, musclé, presque nu, pousse, en apostrophant ses bœufs dans une langue harmonieuse, le plus primitif des araires. Les filles, nues jusqu'au buste, cambrées comme des danseuses, appuient leurs coudes dans leurs mains, leurs mentons sur leurs doigts, pour contempler notre défilé. Elles n'ont point d'embarras pour répondre par un éclat de rire aux propos que leur jettent mes soldats. La grâce de l'Inde méridionale, d'où leurs aïeules vinrent atterrir sur cette côte d'Afrique, fait d'elles, pour les Aryens que nous sommes, des cousines que l'on salue avec plaisir. Et l'on dirait vraiment qu'elles-mêmes, elles nous reconnaissent. Elles ont pour le blanc qui passe des coquetteries que leur obscure rancune de vaincues ne prend pas la peine de déployer pour le maître abyssin.

Celui-ci n'est pas fils de Japhet, mais de Sem. Au physique et au moral, il a gardé tous les caractères de ses origines salomonesques. Il est un bon administrateur, un commerçant avisé. Il entend former dans le pays une caste supérieure au profit de laquelle le Galla fera la moisson.

... L'accablement de midi commençait de peser sur le paysage. J'avais décidé que, ce jour-là, nous ne pousserions pas plus loin. On venait de s'asseoir au bord du torrent pour dévorer à la pointe du couteau la bosse froide d'un zébu, quand le gardien des mulets accourut pour dire que trois cavaliers dévalaient de la montagne et semblaient arriver sur nous à franc étrier.

En pareil cas, la première pensée du voyageur, c'est qu'un courrier lui apporte des lettres. J'examinai donc avec sympathie ces gens-là dans ma lorgnette. Mais vite, je déposai la jumelle avec un soupir léger. Aussi bien l'expérience m'a-t-elle instruit d'une certitude qui ne vaut pas seulement en Abyssinie, mais, sans doute, en tout pays du monde : des gens qui ont tant de hâte à vous joindre ne viennent point vous apporter un plaisir, mais vous demander un service.

A vingt mètres du campement, le plus gros des trois cavaliers arrêta son cheval ; il mit pied à terre, et, tandis que ses deux suivants s'occupaient des montures, il s'approcha avec cette politesse aisée, qui, en tous les pays du monde, est le lot d'un monsieur sûr de soi. J'imagine qu'un gentihomme de bonne maison qui viendrait réquisitionner le médecin du village pour le conduire au chevet d'un malade, userait de telles nuances. La forme des égards dit :

— Vous seriez bien bon de vous déranger.

Le fond donne à entendre :

— Et puis, vous savez, c'est votre devoir!...

Il s'agissait, en effet, de donner des soins à un blessé. J'étais un « faranghi », un blanc, qui passait sur la route. On n'aurait pas admis que ma cervelle ne contînt pas la science et ma cantine le remède de la guérison.

— Quel est-il, ce blessé?

— Un de mes domestiques...

— Et qui l'a frappé?

— Moi... dans une battue... Il s'est levé de la simbalette au moment où je tirais...

— Il a reçu le coup?...

— La balle lui a traversé les deux cuisses.

— Il y a longtemps de cela?

— Quatre jours.

— Et tu demeures loin?

— Tout près.

— Qu'appelles-tu tout près?

— Sur l'autre versant de la montagne...

— Mon cheval est fatigué.

— Je te donnerai le mien. J'enfourcherai la monture d'un de mes hommes... L'autre courra derrière nous.

Il n'y avait pas moyen de dire non. Donc, tandis que l'on posait sur le petit cheval de l'homme ma selle encore chaude, je pris à tout événement ma trousse dans notre pharmacie, un peu de gaze, deux bandes et quelques paquets de sublimé. Ma nouvelle connaissance me regardait faire d'un air grave, évidemment impressionnée par l'apparition des bouteilles, de leurs enveloppes en buis, de leurs étiquettes et de l'odeur mystérieuse qui se dégageait de la pharmacie

D'ailleurs, il recouvra toute sa liberté d'humeur dès que nous fûmes en chemin. Il daigna m'apprendre qu'il ne se plaignait pas de son sort. Il avait été soldat sous les ordres du Ras Makonnen. Après la guerre italienne, il avait reçu cette terre comme une prébende et pour la mettre en valeur. Du haut de sa selle il surveillait les Gallas qu'on lui avait donnés Lui, naturellement, il était Abyssin, de la race des conquérants, un peu fonctionnaire. Il conservait chez soi un dépôt de douze fusils pour armer sa clientèle en cas de mobilisation rapide.

Entre temps, il s'amusait à tirer sur les fauves qui pullulaient dans la région.

Nous commençâmes d'apercevoir sa ferme au bout d'une heure de route. Elle était importante comme mon compagnon lui-même. Cinq ou six maisons rondes, aux toits pointus, la composaient. Une haute accumulation de broussailles chargée de piquants formait un premier cercle de protection entre chaque maison et ses dépendances. Ces épines de mimosas dessinaient entre des haies comme des ruelles de village.

Le demeure même du maître de céans était close par une enceinte palissadée qui enfermait une cour. Là traînait une charrue rudimentaire et sans roues, dont le socle était un fer de lance. Du berbéri séchait au soleil sur des sacs. Une belle fille, qui disparut en nous apercevant, était occupée à piler du grain dans un mortier fait d'un tronc d'arbre.

Du doigt, l'homme me désigna la petite croix qui dominait la toiture de chaume, soigneusement recouverte avec de la bouse de vache;

puis, passant devant moi, il entra dans sa maison, qui, selon la règle invariable, s'éclairait par une porte unique.

L'entrée était toute garnie de selles et de harnais. La pièce centrale, circulaire, sur laquelle ouvraient les chambres et la stalle nocturne du cheval favori, avait pour centre le tas de cendres d'un brasier éteint. Des peaux d'antilopes servaient de tapis, garnissaient les bancs de terre. Le propriétaire jetait sur toutes ces preuves de son aisance un regard satisfait. Il caressa de l'œil les deux gobelets de corne blonde qu'un serviteur extrayait à notre intention de leurs écrins de cuir.

Au moment où l'on y versait l'hydromel, il daigna déclarer :

— Goûtez ce tedj ! Vous n'en avez pas bu de meilleur.

Je n'étais point venu pour vider des cornes d'hydromel et de tala en compagnie d'un glorieux. Je demandai donc à voir le blessé. Mon hôte fit la moue :

— Êtes-vous si pressé ? Il attend depuis

quatre jours!... Il peut bien patienter encore un instant... Enfin! puisque vous le voulez...

Nous sortîmes de la maison, de la palissade, et, entre les ruelles d'épines, l'Abyssin me conduisit vers un toit de chaume qui avait l'aspect d'un bonnet de police. Il était posé directement sur la terre, sans muraille ni cloison d'aucune sorte. Une écharpe de fumée bleue s'échappait de l'ouverture, si basse, qu'il fallait ramper pour entrer dans ce réduit.

— Vous n'allez pas me dire que vous avez logé le blessé dans ce trou?

L'homme répondit sans embarras :

— Il y habitait d'ordinaire.

— Et cette fumée?

— C'est lui qui a demandé du feu... Il avait froid la nuit.

Nous dûmes nous mettre à genoux pour pénétrer sous le toit de chaume.

A travers le voile de fumée qui piquait mes yeux, j'aperçus quelque chose de sombre et de nu qui gisait sur le sol à plat.

A la vue de l'homme au visage blanc, aux

vêtements de kaki qui, ainsi, à l'improviste, surgissait auprès de son agonie, le blessé n'eut pas un mouvement, voire des paupières : déjà il avait franchi la zone des étonnements et des craintes ; il s'en allait de l'autre côté des choses, à la dérive. Je voulus prendre son poignet, le bras résista. Alors seulement, je m'avisai que ses mains, comme ses chevilles, étaient liées.

Vivement, je me retournai. Le maître du blessé était derrière moi, épanoui dans son large sourire. Et, sans doute, il était enchanté de cette idée de garrottage, car, à la foudroyante interrogation de mes yeux, il répondit avec sa suffisance heureuse :

— C'est une idée que j'ai eue... Pour l'empêcher de s'agiter... Cela ne vaut rien dans son cas...

— Et en dehors de cela, quels soins avez-vous donnés à ce malheureux?

— Eh bien, mais tout ce qu'il m'a demandé... du feu... de l'eau... Depuis avant-hier il a refusé de goûter à la galette du tief et au berbéri que je lui envoyais.

Il était inutile de répondre. Je sortis de son étui mon couteau de chasse, je fis tomber ces liens, je soulevai, j'écartai les pauvres genoux, rivés l'un à l'autre dans la raideur affreuse d'un crucifiement. Je me penchai pour voir les blessures, pour les sonder... Dieu! quelle horreur! Rien que d'y songer, le cœur vous manque.

La balle de fusil Gras avait traversé les deux cuisses, de part en part, creusant ces trous en entonnoir qui donnent à la chair, au passage du projectile, l'aspect d'un tuyau de plomb éclaté par une violence d'eaux. Depuis quatre jours la plaie se tuméfiait, se souillait, en contact direct avec la terre, et pas une goutte d'eau n'avait rafraîchi cette brûlure, pas un chiffon de linge n'avait essuyé cette sanie. Seules, guidées par l'odeur, les bêtes avaient trouvé le chemin de la blessure, et maintenant, sous les genoux garrottés, il y avait une fourmilière pullulante. Les petites bêtes rouges, voraces, féroces, entraient dans la hutte du côté des pieds; elles voyageaient sous les mollets, escaladaient les cuisses. Elles montaient à la blessure comme à un puits de montagne, à une fosse de « placer » où elles se gorgeaient de la décomposition précieuse. Elles s'attardaient, elles bataillaient dans ces coupes, sans un mouvement, sans une plainte de ce martyr, pillé comme une épave vivante, et qui acceptait la souffrance atroce, sans une question, ainsi qu'une chose naturelle, la suite normale de sa blessure, un de ces tourments qu'un homme supporte, s'il le faut, sans se plaindre, jusqu'à la mort...

A pleines mains, je ramassai la cendre du brasier, je la jetai sur le grouillement de la fourmilière.

Puis je saisis le maître par l'épaule, je le poussai dehors.

— Vous avez vu ces fourmis? Votre serviteur va mourir, car ce que je puis tenter pour lui ne le sauvera pas... Vous l'avez assassiné deux fois!...

J'étais seul ému de l'aventure. Le flegme du compagnon ne se démentit point :

— Après? dit-il. S'il meurt, je paierai le prix du sang...

— Et cela vous suffit pour vous mettre la conscience en paix, à vous Abyssin, qui vous prétendez enfant de l'Évangile, qui regardez les gens du Coran du haut de votre orgueil?

Le riche fermier eut une moue de dédain indicible :

— Mais cet homme, dit-il, est païen comme tous ceux de sa race... Ce n'est qu'un Galla!

XVII

INTERVENTION CHEVALERESQUE

Lorsque de pauvres chevaux ou mulets, ont, sous des charges qui leur tombent sur le rein, gravi des échelles de montagnes; quand ils ont descendu les pentes opposées sous les mêmes charges qui, alors, leur glissent sur le garrot, il arrive qu'ils demandent grâce et que vers les troupeaux, lâchés dans les pâturages, ils tournent des yeux languissants.

Comme nous traversions le territoire de Billo, je remarquai ces regards obliques. Par milliers, des mulets qui, de l'aurore au couchant, avaient brouté l'herbe grasse, revenaient avec la chute du soleil, pour s'abriter dans des enclos contre les surprises nocturnes des fauves. Tous, ils étaient la propriété de ces marchands qu'en pays abyssin on nomme « Nagadi ». Ce sont, tout ensemble, des convoyeurs et des colporteurs. Ils vont chercher la marchandise aux douanes où les chameaux dankalis les déposent, puis, à dos d'ânes, de mulets, de ces rosses d'origines mal définies, dont, de tout temps, l'Afrique eut la spécialité, qui, au temps de Jugurtha et de ses Numides, s'appelaient déjà « jumenta », ils transportent tous les objets d'échange du désert au Nil.

La plainte de mes mulets me fendait l'âme. Deux d'entre eux avaient succombé dans la côte. J'allai, plein d'espoir, trouver les Nagadi de Billo. Je leur demandai bien gentiment s'il leur conviendrait de transporter, pour de l'argent, mes bagages jusqu'à Lékamti.

Le chœur des marchands répondit à l'unisson :

— Impossible.

— Mais vos animaux ne font rien !

— Nous le regrettons...

— Et moi, je vous offre de beaux thalers...
Voyez plutôt !... Des thalers reluisants à l'effigie de Ménélik et de Marie-Thérèse d'Autriche?

Nez à droite, nez à gauche, les Nagadi se-
couèrent la tête d'un mouvement cadencé comme
si leurs gestes avaient été réglés par un maître
de figuration.

— Empêcherez-vous, prononça le plus vieux,
que nous soyons, sur la route, pillés par les
soldats du Dedjaz, les bandes de Damassié, qui
retournent dans leurs provinces avec des be-
saces vides et des fusils sur l'épaule? Nous
attendons pour reprendre nos voyages, qu'ils
aient fini de défiler. Alors seulement les routes
seront sûres. En attendant, que nos mulets s'en-
graissent !

J'ai eu à trois lieues de Billo la preuve que
les pauvres Nagadi avaient raison de chômer
jusqu'à la disparition des bandes soldatesques
qui retournent dans l'Ouest. Certainement, à
plusieurs reprises, nous sommes intervenus
pour empêcher que, sous nos yeux, on dépouil-

lât, de ses provisions de route, une famille en voyage ; mais notre apparition sous les traits de dieux de la machine avait toujours été volontaire. Aujourd'hui, on l'a sollicitée.

Comme je descendais avec nos mulets fourbus la pente, fort à pic, du mont Soddo, une jeune fille vint se jeter à la tête de mon cheval.

Contrairement à l'habitude des campagnardes qui vont nues jusqu'à la ceinture, celle-ci avait une sorte de robe-tunique, fort décente, ouverte largement sur la gorge ; les manches, très amples, faisaient à ses gestes de suppliante comme une paire d'ailes. Avec ses bras, cette jeune personne levait au ciel ses yeux qu'elle avait fort beaux, et qui, d'un coin de l'orbite à l'autre, roulaient comme les grains de son collier de verroterie bleue.

Tout en gros, je compris que, voyageant avec ses deux frères, elle venait de croiser un parti de soldats ; ces coquins avaient arraché les lances aux deux jeunes gens, et, à cette aimable enfant, les provisions dont elle était chargée.

— Par Dieu, par l'Empereur, par ton père et ta mère, par ta tête chérie, aide-moi à leur reprendre ce qu'ils ont volé! Nous n'avons d'espérance qu'en toi! Si tu ne nous assistes pas, nous tomberons affamés sur la route.

En parlant, la jeune fille prenait, comme de l'eau bénite, sur le dessus de mon soulier, enfilé dans l'étrier gauche, de la poussière dont elle se marquait le front.

Je demande la permission de faire remarquer au lecteur français que si la perte totale des armes (vous diriez vous autres vos cannes et vos parapluies), des provisions et bagages, est fâcheuse en tous pays du monde, elle devient particulièrement pénible dans une contrée où l'on ne trouve ni auberges ni boutiques, où la belle étoile est sans doute clémente, mais où le pain, le lait et la viande de broche, sont de rencontre bien plus rare qu'un soldat affamé ou une bête féroce.

Je savais, d'autre part, que, en temps de paix, les Dedjaz poussent le mépris des services d'intendance jusqu'à l'extrème limite. Ils ne disent pas positivement aux soldats qu'ils licencient :

— Jusqu'à ta rentrée dans tes foyers, tu te nourriras aux dépens du pays...

Mais, pour le chemin, ils ne leur donnent pas d'autres provisions de bouche qu'une ceinture de cartouches. Et ils les engagent à demander bien poliment dans les fermes et dans les villages ce qui leur est nécessaire pour subsister. Le soldat n'aime pas à perdre ses enjambées ; il récolte volontiers sur la piste même. Il a de l'ancien « routier » français le dédain congénital pour la catégorie de gens qui voyagent simplement dans un but d'affaires. En les détroussant, il croit exercer son droit.

Je contemplai ma suppliante avec les yeux qu'un chevalier de la bonne époque moyenâgeuse aurait pu lever sur l'innocence opprimée, et, du coup, la violence de ces soldats me parut abominable.

Nos gens étaient à une bonne heure de marche en arrière. J'étais seul avec ceux de nos hommes montés à cheval afin de prendre les devants et de raccourcir au galop les lenteurs de l'étape : c'était, à savoir, l'interprète Balainé, un des deux Deseta que je tiens pour un homme de cœur, et un jeune ouallamo, le minuscule Sorké juché sur une jument hors de combat.

Suivi par cette escorte imposante, j'enlève mon cheval à flanc de montagne, dans une descente de pierres, où les chèvres de chez nous feraient des façons pour marcher. Devant, avec des pieds nus, merveilleusement habiles à mordre sur le caillou, la jolie fille courait dans le vol gracieux de mille bouclettes soulevées autour de sa tête.

Ces jeunes filles gallas apportent aux soins de leur beauté des raffinements dont une grande dame du temps jadis se serait honorée. Avant le mariage, la mode exige qu'elles se coupent les cheveux, du front à la nuque, tout en rond. C'est la mode byzantine qui fut en honneur aux temps des Croisades. M. Cabanel l'a adoptée dans ses fresques du Panthéon pour figurer l'enfance de saint Louis. En l'absence de fer et de « bigoudis », la coquetterie des Gallas roule soigneusement les mèches folles sur de petites baguettes de bois. J'ai le chagrin d'ajouter que, à cette préparation, elles joignent l'usage d'une graisse qui n'est pas toujours parfumée. Mais à quelque distance, le résultat de cet artifice est charmant. Le visage jeune, aux traits réguliers, apparaît auréolé de boucles fines, vaporeuses, merveilleusement symétriques. On songe naturellement aux divines figures qui, à droite et à gauche des Christs et des Madones, s'étagent dans les mosaïques de Ravenne.

Cette grâce et ce style archaïque dont, pour ma part, je suis charmé, n'ont pas suffi à désarmer les bandistes du Dedjaz Damassié. Nous prenons contact avec eux au bas de la côte. Ils sont sept ou huit, fièrement drapés dans des chàmmas en haillons, avec des cartouchières bien pourvues de douilles de cuivre autour de leurs tailles flexibles. Leurs faces brutales, leurs fronts, bas sous leurs cheveux courts ; leurs larges poitrines, leurs moues, tout dit qu'ils ne sont pas gens à céder un pouce des exercices de leurs droits, voire de leurs licences.

L'apparition d'un homme au visage blanc, fondant du ciel sur leurs épaules en pareil lieu, a tous les caractères d'une intervention miraculeuse. Je ne sais si, une seconde, ces routiers me prennent pour une incarnation de saint Georges, mais leur attitude n'en est pas modifiée. J'ai l'intuition très nette que la crainte superstitieuse a peu de prise sur leurs décisions. Ils défendraient leur droit au rapt contre une légion d'archanges.

A notre choc avec ces coquins il faudrait Cervantes pour historien. En une seconde, fusils, courbaches et bâtons sont en l'air, hérissant le tumulte de façon redoutable.

Je crie tous les noms que j'ai appris pour dire « brigands », en abyssin, en galla et en arabe-égyptien.

Les soldats ripostent avec indignation :

— Nous ne connaissons pas cette fille ! Nous

n'avons rien volé ! On nous prend pour d'autres !...

Et, ils se fortifient dans ce mensonge, assurés que tous les soldats de Damassié leur ressemblent comme deux gouttes de poison.

Au galop, depuis le haut de la côte, nous avons trop d'élan pour nous arrêter à d'aussi plates négations. J'abats ma courbache qui cingle, sur les épaules d'un de nos adversaires. Il répond avec sa crosse de fusil. J'évite le coup, tant bien que mal, en me jetant sur l'échine de mon cheval. Chacun de mes soldats a, pour le moins, deux hommes sur le dos. Sorké lui-même fait tête, et aux injures que nous lançons, les uns et les autres en ferraillant, il ajoute les invectives de son patois « ouallamo » dont la veine est riche.

Heureusement la jolie fille, cause première de toute cette bagarre, ne se recommande pas seulement par la beauté de ses yeux : elle les a perçants. Sous le manteau d'un des soldats, qui continue de nier énergiquement son rapt en nous traitant de diables, elle aperçoit, roulé dans une peau de bique, le petit sac de farine dont elle et ses frères comptaient se nourrir le long du chemin. Au plus fort de la bataille, elle trouve moyen d'écarter la châmma qui masque ce recel. Vous entendez d'ici le cri de triomphe qu'elle pousse ! Je vole à son aide. J'arrache le sac. Je le lui rends. L'imprudent soldat veut contester encore. Il vocifère :

— Cette farine est à moi !

Je réponds :

— Ba Ménélick !

C'est-à-dire :

« Jure-le, au nom de Ménélick ! »

En entendant prononcer ce nom dont nul ne se sert en vain, et qui, tout seul, fait la police du Désert au Nil, le soldat se tait. Il baisse la tête. Ses camarades n'osent plus le défendre, et la justice triomphe comme dans un conte bleu.

… Les soldats auront pris leur revanche un peu plus loin ; mais la jolie fille aux beaux yeux n'aura pas été leur victime. Et j'ai eu la satisfaction de lui entendre dire : tandis que, derechef, elle se faisait des croix sur le front avec la poussière de mes souliers :

— Saint Michel est descendu sur la terre...

Nous ne suivions pas le même chemin, elle et moi. Je n'ai donc eu aucun mérite à demeurer, dans l'occasion, un Archange tout à fait désintéressé.

XVIII

SORKÉ

Les frères Seljan, les « globe-trotters » qui font le tour du monde sans un sou en poche, à pied, en raclant du violon, étaient venus nous dire adieu dans l'enclos que l'Empereur m'a donné pour y planter nos tentes, à l'ombre de son guébbi.

— Nous reprenons, me dirent-ils, la suite de notre voyage, du côté de l'Asie. Pendant un an, nous avons été gouverneurs d'une province équatoriale. Notre destin est de rentrer dans la route. Nous liquidons nos gens. Dans le tas, il y a plusieurs gamins qui n'appartiennent plus à personne. Ils sont trop jeunes pour disposer d'eux-mêmes. Il leur faut des maîtres. Prenez-en un. Vous ferez une bonne action.

— D'où viennent-ils, vos bonshommes ?

— Ils ont été faits prisonniers dans une razzia, au pays de Ouallamo, banlieue du lac Rodolphe.

— J'irai les voir chez vous...

... Le couple de jeunes gens qu'on me présenta aux chandelles ne laissa pas longtemps mon choix hésitant. Je m'enquis, bien entendu, de leurs aptitudes morales ; mais j'examinai surtout leurs yeux, leurs dents et leurs pieds. Les ophtalmies sont, au pays où nous vivons, une tare rédhibitoire ; les dents aiguës dans une mâchoire trop lourde indiquent des hérédités féroces. Et il importe que des gens qui auront à marcher pendant des mois aient les pieds nets, comme de bons chevaux.

L'enfant qui était marqué des meilleurs signes d'intelligence et de force se nommait Sorké. Il pouvait avoir une douzaine d'années. On l'informa, sans le consulter davantage, qu'il

eut le soir même à laver son pantalon d'aboudjidide et la chemise qui bâillait sur sa poitrine
d'acajou. Il convenait qu'il se présentât le lendemain à ma tente avec toute la propreté dont
il était capable.

Je le vois d'ici, arrivant à mon camp avec la
lettre d'introduction dont il était porteur. Il
s'était coiffé d'un magnifique foulard à fleurs,
qui tantôt lui sert de turban, tantôt de châle.
Comme il entendait fort mal l'abyssin, j'envoyai querir le cuisinier qui, avec un explora-
teur américain, a poussé une pointe jusqu'au
lac Rodolphe. Cet interprète d'occasion expliqua
de son mieux, dans la langue du ouallamo,
que désormais j'étais le maître du foulard à
fleurs, de la chemise d'aboudjidide, de ce qu'il
y avait sous l'un et dans l'autre.

Sorké était prévenu ; et, d'ailleurs, ce chan-
gement de patrons ne lui semblait pas une
chose contraire aux usages ; seulement il laissait du côté de ses maîtres anciens quelques
souvenirs qui n'étaient pas tous rudes. Il s'assit
par terre et pleura.

La nécessité d'un bon dressage empêchait que tout d'abord je prisse garde à ces larmes douloureuses. Sorké ne saura jamais comme je me suis fait violence pour attendre que mon repas fût fini afin de lui offrir la confiture dont j'avais, à son intention, chargé mon assiette. Il hésitait à toucher à ce miel inconnu. qui, peut-être, enveloppait du poison. La première cuillerée le rasséréna. Il essuya ses pleurs. Depuis, je n'en ai jamais revu dans ses yeux.

Pourtant la défiance reparut, le même soir sur son visage sérieux, quand il apprit qu'il dormirait dans la tente que de Soucy partage avec moi. Il aurait préféré s'allonger auprès de nos hommes sous deux pans d'aboudjidide. La puce était trop abondante dans ces parages pour que j'y fisse volontiers coucher un jeune homme qui allait me servir de près.

Le moelleux du tapis indien sur lequel j'assois, le long de la route, les personnages de marque qui viennent goûter à mon araki, parut à Sorké un lit excellent. Il avait un autre visage au réveil. A l'heure du repas il surveilla les verres. Il les emplit jusqu'au bord avec la sûreté de main d'un vieux garçon de café,

Deux jours plus tard, nous partions pour le Nil Bleu.

Comme la caravane passait devant le mont Managacha, Sorké me demanda la permission d'aller visiter son frère qui, à quelques lieues de là, servait un soldat soudanais. Nous avancions à marches forcées ; l'enfant n'aurait pas pu nous rejoindre. Je refusai, à contre-cœur, et il n'insista point. C'était pourtant la dernière chance qu'il eût en ce monde de revoir quelqu'un de son sang.

Jusqu'au Nil Bleu, au fond du pays chingalla, Sorké m'a suivi sur un vieux cheval blanc. Bien entendu, les pieds du petit garçon n'atteignaient pas l'étroit étrier où les cavaliers abyssins glissent seulement leur orteil. Sa mince culotte d'aboudjidide était en contact direct avec l'échine de la bête. C'est un voisinage qui fait paraître longues les huit, neuf, dix heures de pas qu'on fait ici quotidiennement, à flanc de montagnes, sans descendre de selle. Jamais l'enfant ne s'est plaint. Il craignait trop qu'on l'empêchât de suivre les deux porte-carabines qui m'encadrent à l'avant-garde. Seulement, à l'étape, je le voyais ramper jusqu'à la rivière et plonger dans l'eau courante ses membres endoloris.

L'affection est venue, au moins la fierté d'approcher celui qui commande et de galoper dans son ombre. C'est Sorké qui tient ma glace quand je me rase. Il a un plaisir infini à déboucher les flacons de mon nécessaire, à essuyer la mousse sur le tranchant du rasoir. La cérémonie de la poudre de riz répandue sous le menton, à la fin de la toilette, lui apparaît comme un rite inexplicable et sacré.

Sorké a encore le soin de mes guêtres. Il les cire religieusement jusqu'à ce qu'elles miroitent. Il a appris que le beurre indigène est bon pour graisser les souliers, et que ceux qui s'en tartinent les cheveux sont des gorets. Quand la tente est dressée et que je travaille à ma carte, nul ne le vaut pour renvoyer au large les chiens, les fâcheux et les mendiants. Il jette les pierres avec la redoutable habileté d'un fils de chasseurs à la lance. Les plaies des lépreux ne l'attendrissent point. Il attaque des hommes de six pieds avec la furie d'un jeune fox-terrier chargeant la bête puante, et, jusqu'ici, il est toujours resté le maître de son terrain.

Quand les mâtins et les montreurs de plaies lui laissent un peu de répit, Sorké vient s'accroupir à côté de ma table à écrire, sur le tapis indien qui lui sert de lit. Mystérieusement il déroule la ceinture d'andrinople qui est plusieurs fois roulée autour de ses reins. Il l'a cousue lui-même, en forme de boyau, et c'est là dedans qu'il cache son trésor.

Je l'ai vu tant de fois, ce trésor, s'éparpiller sous mes yeux qu'à présent je le connais par cœur. C'est d'abord un thaler d'argent tout neuf, à l'effigie de Ménélick, que j'ai donné a Sorké, le jour de Pâques. Puis quatre épingles de nourrice, noircies au feu. Un bouton d'uniforme quelque peu dédoré. Enfin, une demi-douzaine de douilles de cartouches en cuivre, tombées à vide de mon winchester. Sorké se sert de ces débris de métal comme d'une monnaie. L'autre soir, il a fait, pour deux douilles, l'emplette d'un poulet. Il l'a rôti personnellement sur une baïonnette et il l'a mangé tout entier sans rien laisser pour les milans.

Malgré ces instincts de négoce, ce pauvre enfant, volé au fond du Ouallamo par une troupe en razzia, est d'une honnêteté touchante. L'autre nuit, il a réveillé mon camarade, qui dormait à poings fermés.

— Qu'est-ce que tu veux?... Tu es malade?

Sorké voulait remettre à son propriétaire un thaler qui était tombé sur le tapis. L'affaire lui paraissait trop urgente pour attendre au lendemain.

Qui lui a enseigné la probité à cet enfant de douze ans? Et la pudeur? Et une discrétion perpétuelle qui jaillit de lui aussi naturellement que la bravoure? Il n'a eu d'autres instituteurs que les spahis soudanais de Léontieff. Ils lui ont appris à porter la main au képi dont il n'est pas coiffé, pour saluer et pour dire merci. Dans la brousse du Ouallamo, où il a poussé comme un jeune léopard, les hommes ne prient aucun Dieu qui ait une forme, un nom ou une légende.

L'autre jour, il m'a demandé, avec cette gravité qui vieillit son visage quand l'effort d'une pensée vient à rider son front :

— Je voudrais que vous me donniez un cordon de chrétien...

Il entend par là le cordon de cuir que chaque Abyssin reçoit au jour de son baptême, qui, théoriquement, devrait supporter une croix, mais qui, dans la pratique, soutient un cure-oreille et une foule de gris-gris dont l'origine est quelque peu diabolique. Tel quel, le ruban de chrétien est rivé pour la vie au cou de l'Abyssin le plus brouillé avec l'oraison dominicale. Mes soldats en portent tous. C'est l'indication d'une haine séculaire pour le musulman qui fut l'ennemi mortel de cette race.

J'ai demandé à mon jeune néophyte :

— Tu as donc envie d'être chrétien, Sorké ?
Sais-tu ce que c'est ?

Il a répondu sans détour :

— Je serai chrétien si cela vous plaît. Mais
c'est un cordon de chrétien que je veux.

Sorké est le fils d'un très vieux peuple. Des
gens d'ici disent que ceux du Ouallamo sont
les plus anciens habitants des pays du Nil,
ces Éthiopiens des jours passés que le divin
Homère appelait déjà « les plus sages des
hommes ». Aussi bien, au fond des yeux son-
geurs de cet enfant est écrite la résignation
d'une race vaincue qui eut son ère de grandeur et qui s'en souvient.

Sorké redescendra à la côte dans les pas de
mon mulet. Il s'embarquera avec moi sur un
grand navire. Il connaitra la mer, les villes
que les nouveaux maîtres du monde ont bâties.
Un dimanche d'hiver, je le conduirai au musée
du Louvre. Je lui montrerai les belles choses
que firent dans des temps évanouis ceux de sa
race.

Et qui sait s'il ne lèvera pas un instant la

tête, le scribe égyptien qui écrit, à genoux, au milieu de la salle des Osiris, pour sourire à cet enfant qui lui ressemble, le petit Sorké de Ouallamo, razzié par un « globe-trotter », au bord du lac Rodolphe!

XIX

LES ADORATEURS DE L'INFINI

Je venais de me hisser à deux mille et quelque trois cents mètres d'altitude au-dessus de la Didessa. La route est en échelle, et c'est vraiment le nez contre le mur de rocher que l'on grimpe. Mais quand on se retourne!...

De ce balcon du Gara-Sorté où je m'adosse pour prendre mes visées de boussole, le spectacle est si surhumain, que l'émotion jaillit du cœur en cri d'effroi.

Au pied de la mer de bambous, qui, à la brise, ondule sur le flanc de la montagne, la Didessa apparaît; elle réfléchit le ciel à travers un paysage pâle qui n'a pas de limites, tel qu'on en découvre de la nacelle d'un aérostat.

D'ici, la forêt de Handek semble la première teinte qu'un aquarelliste avisé étale sur sa page pour indiquer la place de mystère où le ciel et la terre s'épouseront. Terre et Ciel ! Pour grandioses qu'ils soient, ils n'apparaissent plus que comme des Majestés vassales. Le suzerain, le Roi, le Victorieux dont la puissance s'impose, vous accable, vous relève, vous exalte, c'est l'Espace, l'Espace intangible, sans couleur, sans figure, sans bornes, frère divin de la Durée. En mer, il m'est apparu comme moi-même prisonnier de la voûte qui bombe au-dessus d'une base circulaire ; — par des nuits d'étoiles je me suis efforcé de le saisir, sous la forme des distances additionnées, que l'œil perçoit entre les astres ; ici, dans le plein soleil, entre la terre verdoyante, les blancheurs aveuglantes du ciel, le ruissellement des fleuves historiques, j'ai, comme en coup de foudre, la vision de ce qu'il est, quand on n'essaie point de le rapetisser misérablement à la taille d'un moule de la pensée. J'ai peur de lui ; je l'aime, je l'adore. J'entends sa leçon. Elle se grave dans mon cœur aussi profondément que cette parole dite autrefois sur une autre montagne, qu'un prophète écrivit sur des tables de pierre, et rapporta à son peuple, disant :

— Ceci est la Loi de Dieu.

Un grand remous au-dessus de ma tête, où le sentier continue de gravir en lacet la pente verticale.

— Est-ce un troupeau qui descend au fleuve en longeant ces précipices? Il n'y aura pas place pour lui et pour nos bêtes sur le fil de rasoir où se posent les sabots des mulets...

A travers les fenêtres de verdure, je vois passer des Gallas aux visages riants qui portent des chevreaux sur leurs épaules. Ce sont de tendres bêtes, fraîchement détachées du pis des mères ; sans doute, elles les suivent. Mais non. Ceux-ci ne sont pas des bergers, car nul troupeau ne les accompagne.

Ils se présentent dans leurs vêtements de fête, c'est-à-dire que leurs têtes frisées ont été enduites d'onguents que des herbes parfument. Et les pièces de cotonnade qui les enveloppent, serrées aux reins, rejetées dans le dos, pardessus les épaules, en deux chutes symétriques, ont une éblouissante blancheur.

Des jeunes gens suivent, des adolescents imberbes, dont les formes hésitent encore entre la grâce féminine et les vigueurs de la virilité. Avec précaution, ils portent des gourdes de « tala » tout frais, bouchées avec de la feuille verte.

Des jeunes filles ferment le cortège. La rencontre de ces statues d'or pâle, dans cet éblouissement de soleil, est chaque fois pour nous une vision pleine de douceur et de trouble. Celles-ci n'ont pas appris au contact des étrangers les vaines pudeurs qui les empêcheraient de marcher à demi nues. Leurs bustes sont libres jusqu'aux hanches où une ceinture de perles bleues retient mollement leur courte draperie. Elles vont, animées et riantes. L'ombre de leurs cheveux qui bouffent est au-dessus de leurs yeux de velours. L'ombre délicieuse de leur gorge se répand sur leurs flancs aux lignes pures. La lumière se plaît à modeler les muscles assouplis de leurs épaules ; elle caresse les contours impeccables de leurs seins. Les colliers de perles bleues qui entourent leurs cous délicats, les cercles d'ivoire qui ornent leurs bras au-dessus du coude, les anneaux de cuivre, qui, aux poignets, font valoir la finesse des attaches, achèvent de leur donner l'apparence d'innocentes créations du désir paradisiaque, qui, les bras arrondis et la bouche en corolle, s'en vont dans la lumière, au-devant du baiser.

D'où viennent-ils, jeunes gens et jeunes filles, ces Gallas, si pareils à nous ? Ils nous semblent des cousins, un jour émigrés dans le Royaume du Soleil et devenus des demi-dieux à son service. Demain les savants étudieront la langue harmonieuse, qui chante sur leurs lèvres, comme le parler romain. Et, sans doute du côté de Ceylan, vers les rivages de l'Inde divine, ils retrouveront la place où les mères de ces jeunes déesses dormirent avec nos mères, côte à côte, dans les mêmes berceaux. Vin blanc des coteaux du Rhin, vin doré des plages méditerranéennes : au début des vendanges de l'homme, les deux ceps jaillirent du même pied.

J'arrête un vieux, encore tout droit, qui chante en tête du cortège :

— Veux-tu, mon bon père, nous vendre ces chevreaux ? Mes hommes sont las de la viande de chasse. Volontiers, avec eux, nous mettrions la dent dans cette chair de lait...

Le vieux rit, et il secoue la tête :

— Cela ne se peut pas !

— Et pourquoi donc ? Je te paierai bien. Tiens, voici de beaux thalers d'argent... des thalers à l'effigie de Ménélick et du Lion de Judas chargé de la bannière victorieuse... C'est bien la première fois que, au fond de ton Ouallaga, l'on voit une si rare merveille ?

En effet, le vieil homme regarde la pièce avec quelque surprise : mais, tout de suite, il la rend, sans hésitation ni regret. Dans son pays, c'est la barre de sel, ou la poignée de coton, qui sert de monnaie. Les ménagères l'échangent au marché pour une mesure de pois chiches ou une tranche de pastèque. L'or, que quelques-uns cherchent dans le sable des rivières, ne va qu'à payer l'impôt que l'on doit au lointain Négus.

Que sert ici l'argent?

Ce n'est pas pour les vendre que ces Gallas ont longuement réservé à ces petits voraces le lait de plusieurs chèvres. Et, à cette heure, ils ne se dirigent vers aucun marché... Alors, où vont-ils?

Sur la gauche, le vieil homme indique un sommet de montagne ombragé d'arbres magnifiques. Cette cime domine encore le balcon du Gara-Sorté. C'est de ce côté-là que lui et les siens dirigent leur joie.

— *Weuréga!*... *Weuréga!* (Sacrifice! Sacrifice!)

Ces vases de lait que les jeunes filles portent à deux mains, leurs yeux sans inquiétude baissés sur la mousse précieuse, ces gourdes de tala que la fermentation nouvelle fait délicieuses à la brûlure des gosiers, cette chair de crème, que le pâturage reverdissant, les mamelles alourdies, ont préparées, sont aujourd'hui quelque chose de plus noble que l'ornement d'un repas. Cette heureuse théorie de jeunes et de vieux sans-souci les porte, à travers les sentiers coupés de soleil et d'ombre, vers cette cime ombragée qui domine toutes les autres et laisse tomber dans le vide une cascade de perles.

Là, les Gallas de Maretchi déposeront leurs légers fardeaux. Les belles filles relèveront leurs paupières, que l'attention avait abaissées; les adolescents attacheront les quatre pieds des chevreaux avec une liane, pour les empêcher de s'enfuir, et toute la bande naïve se réjouira devant l'horizon.

Pris par des conquêtes successives entre le Coran et l'Évangile, ils ont réuni à leur cou les amulettes de l'islam et le « cordon » du chrétien. Ils sont demeurés païens. De la lointaine patrie dont ils n'ont pas gardé le souvenir, ils n'ont apporté nul dieu à figure d'homme ou

de bête. Ils n'ont pas même un nom pour dési-
gner un objet de crainte surnaturelle, qui vous
guette aux approches de la nuit et de la mort.
Le pays édénique qu'ils habitent les a protégés
contre les épouvantes vaines. Ils savent que,
jamais, l'eau, la terre et le soleil ne leur man-
queront, qu'il leur suffit de toucher à ce sol du
bout d'une houe, pour que quatre récoltes,
poussées en une seule année, récompensent le
travailleur.

Alors, plusieurs fois l'an, le cœur enivré de
gratitude, comme leurs pâturages débordent de
sève, ils éprouvent le désir ingénu de porter
l'hommage de leur joie à cette Bonté Immense
qu'ils sentent autour d'eux vibrer dans la
lumière. Ils n'ont point besoin d'un toit pour
abriter leur plaisir. Ils souffriraient qu'à cette
minute l'obstacle d'une muraille vînt s'inter-
poser entre cette Bonté épandue et leur élan
d'adoration. Habitants de la montagne, ils veulent escalader la montagne la plus haute,
élargir, en s'élevant, le cercle de leur rêve.

On m'a dit que leur bonne volonté à faire

largesse cherchait où accrocher les témoignages de leur gratitude. Avec le beurre, avec le miel, élixirs de l'herbe et des fleurs, ils enduisent quelque vieux tronc d'arbre.

Ils disent :

— Que ces baumes te gardent en fécondité éternelle !

Puis, le sang des innocents chevreaux, égorgés sur l'herbe drue, rend à la terre, en fleur de vie, ses munificences de chaque jour.

Pourquoi une hypocrisie vaine abandonnerait-elle sa part de ces richesses? Le Dieu que les Gallas prient entre le ciel et la terre n'a pas une bouche dévoratrice. Sa spiritualité est assez nourrie par l'odeur des viandes grillées, par la gaieté des danses qui se nouent autour des feux du sacrifice, surtout par les chansons qui rythment les pas langoureux, que module l'ivresse du tala, légère, mêlée à la griserie de l'air.

Tout à l'heure, au premier frisson du crépuscule, ils partiront. Sur la place de la fête, ils abandonneront les os et les dépouilles des chevreaux sacrifiés. Ils ne pensent pas que le dieu viendra broyer ces tendres osselets dans sa mâchoire d'ombre; ils n'ont pas à redouter la colère du prêtre dont ils se passent. Ils laissent ces os en témoignage de leur journée heureuse, comme le sang et le tala que la terre a bus, comme le miel dont le vieux tronc s'est doré, comme les foulures qu'ont imprimées dans l'herbe grasse la danse de leurs pieds, les allongements amoureux de leurs corps.

Or, ce qu'ils sont venus adorer à cette place, les Gallas de Maretchi, c'est ce même Espace dont ce matin je contemplais la divinité en extase; c'est la ligne bleue qui, là-bas, où finit la précision des choses, fait à la terre et au paradis le même fond d'azur.

Chères statues d'or vivant, dont l'âme est toute joie, que le bonheur naïf conduit à la gratitude, jeunes filles et adolescents, enivrés des fécondités de la terre, qui, aux changements de saisons, gravissez la plus haute montagne afin de vous réjouir devant l'horizon, prenez-moi, je vous en prie, dans votre bande heureuse. Comme vous, à certaines heures, j'ai besoin de monter sur les cimes pour contempler la Beauté de l'Étendue. J'adore avec vous la Bonté sans forme ni figure, qui sourit vaguement dans le rayonnement de l'Espace.

XX

DANSES D'HOMMES

Un humoriste américain conte qu'un jour,
à la suite d'un naufrage, deux nègres se trou-
vèrent perdus sur l'Atlantique. Le radeau qui
les portait se disloquait de façon inquiétante.
La crainte de la mort toute voisine tourna
donc leurs pensées vers les choses éternelles.
Ensemble, ils jugèrent qu'il fallait demander
un secours en haut contre les périls d'en bas.
Et l'un dit à l'autre :

— Que feraient des chrétiens à notre place ?

Ils réfléchirent. Ils avaient été baptisés un
peu sommairement. Ils ne savaient pas trop s'ils

étaient catholiques, quakers, méthodistes, etc.
Ils comparèrent leurs souvenirs. Ils cherchèrent
à se rappeler l'acte essentiel, commun à toutes
les religions, qu'ils avaient vu pratiquer de la
même manière, par toutes les sectes, quel
que fût le nom de la maison de prière, église
ou temple.

Soudain, l'un d'eux, subitement illuminé,
dit à son camarade :

— Si nous faisions une quête ?...

Ce samedi 13 avril, vigile de la Pâque abyssine, je m'éveille au fond du Ouallaga, entre
le Nil Blanc et le Nil Bleu. Je viens de traverser d'immenses régions habitées par des Gallas
païens, des fétichistes, des nègres cynocéphales, des musulmans conquis à l'Islamisme
par des Derviches, puis par le Négus à la Croix.
Il est permis de supposer que tant de religions différentes, successivement imposées à
des vaincus par des vainqueurs éphémères,
ont mis au cœur des gens du Ouallaga d'heureux principes de tolérance. C'est bien, en
effet, ce qui est advenu. Ici, comme sur le

radeau des nègres perdus au cœur de l'Atlantique, le seul acte essentiel qui lie entre elles ces religions bariolées, c'est l'usage et le respect de la « quête ».

J'ai donc reçu ce matin la visite des prêtres de Nédjo, qui, coiffés de bonnets de coton, vêtus de percales à fleurs, venaient, en agitant des sonnettes, réclamer une aumône pour le rachat de nos péchés du carême. Du plus loin qu'ils m'ont aperçu, ils ont sauté à bas de leurs mules. Ils m'ont accablé de leurs révérences. J'ai cru qu'ils allaient avaler les douze thalers que je leur ai fait remettre pour le rachat de nos omissions. A quarante hommes que nous voilà dans le chemin, cela fait soixante-quinze centimes par tête. J'ai été généreux.

Les prêtres témoignent donc de leur satisfaction par un déluge de bénédictions. Leurs visages ne sont pas plus recueillis que leurs pantomimes. Ils m'apparaissent aussi tondeurs de laine, au nom de leur croix à deux branches, que le soldat routier au nom de son fusil Gras.

Ils portent aujourd'hui avec eux des gerbes de roseaux d'un vert tendre. Ils nous les donnent en échange de nos beaux thalers. Aussitôt, mes hommes, même les pires mécréants, se hâtent de s'en ceindre leurs tempes; et ces pieuses bandelettes sont d'un effet étrange autour de certains fronts.

Ces agneaux d'occasion m'ont demandé toute licence pour se réjouir cette nuit. Donc, à l'heure où les feux s'allument, nous sommes subitement entourés de revenants que le diable ou le « tedj » tourmente. Évidemment, ces fantômes qui s'agitent devant ma tente ouverte ont passé un contrat avec le feu. Ils sont vêtus de cotonnades — vêtus n'est pas le mot — « drapés » de plis flottants. Ce feu est un tas de sarments qui flambent clair sur la terre — que l'on promène en torches de paille — en pluies d'étincelles. D'ordinaire il s'entend à mettre tout un pays en braise; aujourd'hui il se fait un compagnon des danseurs. Il sent qu'ils ont perdu la tête. Il s'incline en sens contraire quand ils s'approchent. Il brode d'or et de pourpre leurs haillons, si bien drapés, que, malgré leurs contorsions grotesques, leurs trépignements de bamboulas en délire, la vie antique ressuscite, ces suggestions de beauté qui partout accompagnent le mouvement sous les voiles.

On surprend, ici, un des vertiges de l'Orient. Je les connais, un par un, ces muletiers, ces soldats, ces chasseurs d'éléphants, ces boys. Cependant, j'ai là, devant moi, des couples qui dansent en vis-à-vis. Dans chaque couple il semble qu'il y ait une femme; — pas le lamentable travesti de chez nous, mais une créature de grâce, une almée. La tête enveloppée mystérieusement, à la mode des petites danseuses de Tanagra, dans le voile qui coiffe la tête, masque le visage jusqu'au dessous des yeux, enveloppe le bras, campé sur la hanche.

Ainsi, une fois de plus, je retrouve ici ce mélange d'Orient et d'antique qui donne à ce peuple une si particulière saveur.

La toge n'est pas le burnous. Elle a été inventée par un peuple artiste qui voulait que

le vêtement fût un instrument d'expression au
service de la passion et des pensées. Mais si
ces chrétiens de Byzance ont encore autour de
la tête le petit jonc noué comme une bande-
lette que les prêtres leur ont donné ce matin,
ils n'ont trouvé nulle indication de joie dans
leur tradition chrétienne. Elle leur a offert des
possibilités d'affinement moral, dont ils sont
fiers, d'instinct, et sans trop s'en servir. Elle
ne leur a pas apporté un sourire. Alors, ces
ennemis irréconciliables de l'Islam ont em-
prunté aux musulmans toutes leurs manifes-
tations de joie. C'est le même rythme des ins-
truments et des claquements de mains, les
mêmes aigres youyous jetés en l'air comme
des cris de milans par des voix de jeunes garçons ou de femmes, les mêmes phrases indéfiniment répétées :

— *Ouala !... Oualajumo !...*

... Les mêmes contorsions du ventre, les
mêmes ondulations de la hanche, les mêmes
détentes de reins qui nous déconcertent par
leur provocation directe.

Comme ils sentent que tous ces cris, tous ces trépignements épileptiques vont leur faire perdre la tête, d'instinct ils se rangent avec ceux de leur pays. Les Abyssins d'un bord, les Gallas de l'autre. On est confondu pour le travail ; mais pour la joie, pour les banquets, sans doute pour la tristesse, on se reclasse.

Le boy de mon camarade de Soucy, qui est Issa, mon petit Sorké, qui est remonté du Ouallamo, ne se mêlent pas aux jeux. Ils sont assis au pied de la tente, en spectateurs. Le garçon de vingt ans qui est allé faire la guerre à Madagascar, l'enfant de douze ans qui a été capturé au bord du lac Rodolphe dans une razzia, ont sans doute, en face de cette joie des autres, le sentiment de leur commun exil. Et, si disparates, ils se rapprochent.

Nous sommes avertis que ces cris, ces danses, ces feux, dureront toute la nuit.

— *Ouala !... Oualajumo !*

Je ne veux pas songer à la quantité de tedj que chanteurs et danseurs absorberont d'ici à l'aurore, à la migraine du lendemain, aux lenteurs du chargement, quand nous lèverons le camp. Pâques ne tombe qu'une fois par année et il faut que ces pauvres gens, si enfants sous leurs violences, sous leurs promptes colères de soldats et de chasseurs, fassent les frais de leur plaisir.

— Vous ne savez pas, monsieur, me disait l'un d'eux, tout à l'heure, avec l'accent de la conviction la plus profonde... Vous ne pouvez pas vous imaginer comme la fête est belle, ce soir, à Addis-Ababa !

Et celui qui tient ce propos, c'est mon interprète Balainé. Il a vu Nice, Paris, l'illumination de l'Opéra la nuit. Mais les feux de brousse de son pays, les danses rythmées par les mains qui claquent, font tort à nos splendeurs civilisées, dans son cerveau dont la cellule est restée abyssine.

Je me claquemure donc sous ma tente et attends vainement un sommeil que les danses et les chansons des autres mettent en fuite. Je me rappelle les visites de ma jeunesse aux cabarets de voleurs et de gueux où j'aimais à conduire de belles dames en robe de bal.

Toujours j'assignais, comme opportune pour le départ, la minute où ces messieurs, après avoir chanté leur répertoire, et dansé les pas où ils excellent, commençaient à essayer des exercices de force. Je savais, d'expérience, que cette concurrence des amours-propres virils allait dégénérer en rixe et que les couteaux ne tarderaient pas à sortir. De même je m'attendais, pour notre relevaille de danses, à quelque querelle tapageuse. Cela n'a point manqué.

Ce matin, il y a eu dans le camp une vraie émeute contre Abdi, mon brigadier-chef. Il est le représentant de l'autorité. Il a l'œil vigilant et la main rude. C'est plus qu'il n'en faut pour que les fortes têtes de la troupe le considèrent comme un ennemi.

Tout à l'heure, il a donné l'ordre à mon boy Taclé de raccommoder un accroc que les serviteurs ont fait à la tente pendant l'orgie de la nuit.

Ce Taclé est un ancien élève des missions.

Je l'ai trouvé sur la route sans une chemise sur le dos. Il parlait et écrivait un peu le français. Je l'ai donc attaché aux soins de mes habits, de mon tub et de mon couvert. Un instant j'avais songé à le ramener en France, mais je me suis aperçu qu'il était sournois et qu'il buvait. Les gens disaient :

— Taclé a quelque chagrin...

Et vraiment la demi-instruction, que les missionnaires donnent ici à des enfants ramassés sur les chemins, les déclasse plus qu'elle ne leur profite. Les camarades qui tiennent pour la religion nationale les considèrent un peu comme des renégats. Ils n'ont, d'autre part, aucune connaissance pratique qui les oriente vers un état, voire le plus simple de tous, la culture de la terre. Ils savent servir la messe ; ils lisent le latin, ils ne vous regardent plus en face, et traînent dans des vies de hasard des façons hésitantes. Les éducateurs de ces enfants feront plus de tort que de bien à leur discipline, tant que, par une éducation pratique, ils n'assureront point une existence exceptionnellement honorable à leurs néophytes. ·

Sur son instante prière, j'avais laissé à Taclé, autour des reins, mon revolver que je ne porte plus depuis que nous sommes sortis des pays Issa, Carayou, Aroussi, et autres banlieues du désert. Au milieu de tous ces soldats, Taclé souffrait dans son amour-propre de marcher sans arme. Le revolver du maître lui était une occasion de se pavaner. Malheureusement, l'ivresse du tedj aidant, il s'est redressé plus que de raison. Au lieu d'aller tout simplement chercher une aiguille et de réparer l'accroc dont il était l'auteur, il a traité mon brave Abdi de « fils de pourri ». Puis, prévoyant que quelque coup solidement administré allait le renvoyer dans le rang, il a tiré le revolver de sa gaine, et il a mis le brigadier-chef en joue.

On s'est jeté sur Taclé à temps pour faire dévier la balle, mais une mêlée furieuse a suivi cette folie. Les mécontents, les gens « qui mangeaient avec Taclé » ont pris fait et cause pour lui. On menaçait de s'entre-tuer avec des hurlements de sauvages au poteau de guerre quand, précipitamment, je suis sorti de ma tente pour remettre l'ordre.

La séance a duré une bonne heure. Tous ces gens ivres et furieux m'entouraient, parlaient à la fois. Ils vidaient sur Abdi, sur Taclé, ou sur l'un et l'autre, des sacs de péchés et de reproches accumulés.

J'ai réussi à faire ficeler les uns et à conseiller aux autres d'attendre le lendemain pour m'expliquer l'affaire plus posément.

Mais il a fallu régler sur l'heure le châtiment de Taclé...

Je le regrette.

Il s'était coupé le doigt en aiguisant mon couteau de chasse. Longuement, je l'avais soigné, guéri. Et, comme l'immortel Perrichon, je m'étais attaché à lui, malgré sa sournoiserie, à cause de mes pansements.

XXI

DJIRATA

Au moment de monter en selle, Balainé, mon « boy » interprète, m'avait demandé avec quelque mystère l'autorisation de s'attarder.

— Tu as des affaires de cœur à Nedjo ?

— Non, monsieur, je voudrais causer un peu avec le Bambaras.

Je savais que notre interprète avait emporté d'Addis-Ababa une charge d'argent pour acheter de la poudre d'or. Je m'imaginai qu'il s'agissait de quelque spéculation dont les jeux du bimétallisme seraient la base.

Mais, le soir, mon secrétaire me dit :

— Devinez quel marché Balainé a passé avec le Bambaras?... Il a échangé son fusil Gras contre un petit Chingallah. Voulez-vous le voir? Il marche, là-bas, en tête des muletiers, derrière votre cheval bai...

Je me levai sur mes étriers, mais je ne réussis à apercevoir qu'un chapeau de paille qui avait l'air de glisser à la surface du chemin.

— Quel âge a-t-il, ce marmot?

— A vue de nez le Bambaras lui donne six ans... Il en a cinq bien juste...

— Et ce bonnet de police dont ils l'ont affublé, où l'a-t-on découvert?

— Vous ne le reconnaissez pas? C'est l'ancien chapeau de Balainé.

J'ai connu ce couvre-chef avec des bords larges comme des ailes de « panama ». Il les aura perdues dans la descente du Nil. En Afrique, les objets se transforment indéfiniment comme dans les *Métamorphoses* d'Ovide.

... A l'étape, j'ai vu ce qu'il y avait sous ce débris de chapeau de paille.

Le jeune Chingallah était assis à l'ombre

d'une tente d'aboudgidide. Entre les genoux, il avait une boîte de conserve passée à l'état d'ustensile de ménage. Il y plongeait ses mains, énormes au bout de ses deux petits bras grêles.

Sa posture, son sérieux, ses coups d'œil rapides, une seconde inquiets, du côté des fâcheux qui approchent de sa nourriture, la hâte effrayante de sa gloutonnerie, les étranglements de son cou, les sursauts de son ventre, tout cela était si comique que les hommes faisaient cercle pour s'esclaffer. J'ai ri avec eux, comme les badauds du Jardin des Plantes, quand ils assistent au repas du chimpanzé.

C'est après seulement, que m'est monté aux lèvres un : « pauvre petit ! » qui, de ce marmot chingallah au plus distingué d'entre les cerveaux de civilisés, embrasse peut-être toute l'espèce humaine.

J'ai mal distingué ce jour-là le visage de notre enfant de troupe. Les jeunes gens qui vont tout nus sous le soleil n'ont pas de poches pour y loger des mouchoirs. Avec les rhumes de cerveau qui font couler leurs nez, à deux narines, et les mouches qu'ils ne prennent point la peine de chasser de leurs visages, les jeunes Chingallahs se fabriquent un masque sous lequel ils passent anonymement leur enfance.

Je dis donc à Balainé :

— Je ne défends pas que tu emmènes ce marmouset, mais il faudra que tu le tiennes propre. Quand il aura fini de manger, passe-le à la lessive...

— Mais je ne vais pas seulement le laver, monsieur!... Je vais l'habiller.

Je connaissais assez exactement la garde-robe de mon interprète. Je me demandais donc avec une nuance de curiosité de quelle nippe il pourrait bien affubler son négrillon. Le jeune Chingallah parut, en effet, le lendemain, vêtu d'un tricot de bicycliste, qui, à sa belle époque, avait été noir à bandes roses. Quelque touriste avait dû s'en défaire à Djibouti contre une lance d'issa. D'épaules en épaules, il en était arrivé, au fond du Ouallaga, à vêtir pour la

première fois la nudité d'un jeune Beni-Changoul, qui le portait jusque sur ses talons comme
un surplis.

Je n'ai pas dit que le jersey flottait par
devant en plis de drapeau ; il bombait, au contraire, il se tendait de la façon la plus comique
sur le ventre que le négrillon portait maintenant devant soi, renversé en arrière, pour faire
équilibre, tout à fait comme une dame dans
son neuvième mois.

— Mais on va lui donner le « carreau », à
cet enfant ! Il faut l'empêcher de manger.

— Ce sont les hommes, monsieur, qui s'a-
musent à le gaver. Et lui, tout le premier, se
jette sur la nourriture comme un petit chacal.
Hier soir, quand on a tué le mouton, il ramas-
sait les morceaux de graisse que le couteau
faisait voler et il les avalait tout crus.

Lorsque le jeune Chingallah ne mange pas,
il marche. Il marche des neuf heures de suite,
du torrent à la montagne, au pas long des
mulets et de leurs conducteurs, sous ce terrible soleil d'Afrique, qui met les cerveaux en

ébullition, les corps en eau et les pierres en poudre.

Souvent, sur le chemin, nous rattrapons nos porteurs. Ils se sont laissé tomber au bord de la jungle; ils nous regardent passer avec 'des faces mornes. Ou bien c'est quelque mulet que la montée rebute à la longue, et qui, sous un orage de coups, se roule avec sa charge.

Le petit Chingallah ne s'assoit pas; il ne se couche pas, il marche.

Il marche comme un homme, avec un bâton d'alpiniste à la main. Quand il a perdu trop de terrain, il court... Parfois, un de nous, à la fin pris de pitié, l'enlève, une seconde, sur sa selle. Alors, tout de suite, l'enfant s'endort. Mais il faut remettre les bêtes au trot, escalader le sommet de cette montagne et vérifier, de là-haut, un pan de la carte. On réveille le négrillon, on le débarque sur le chemin. Il n'avait pas dit « merci » quand on l'avait enlevé de terre; il ne se plaint pas davantage quand on le replante sur ses pieds. Heureuses ou lamentables, il est d'avance résigné aux choses qui arrivent. Il recommence à marcher entre deux bêtes de charge. Il allonge, tant qu'il a d'haleine, ses enjambées de Tom Pouce.

Je voulais savoir s'il n'était qu'une mâchoire montée sur deux jambes, ou si quelque parole articulée sortait tout de même de sa bouche. J'ai dit à Balainé de me l'amener, et, par son intermédiaire, nous avons causé. La lèvre inférieure du jeune Chingallah dépasse tout son visage, voire les ailes primitives de son nez, certes moins saillant que les deux pommettes. Mais ˊles yeux sombres, noyés dans un blanc mêlé de jus de pruneau, ont de la flamme. Le front très élevé est coiffé de cheveux ras, plantés par touffes. Celui-ci est un type pur de sa race.

Il tend ses deux mains à la fois pour recevoir les vieilles noix que je lui présente. Il les grignote avec un bruit redoutable de ses dents éblouissantes, plantées dans des gencives roses.

Il parle. Il ˊa un nom.

— Tu dis?

— Djirata.

Balainé répète deux ou trois fois ce nom de païen et il éclate de rire.

— Si vous saviez, monsieur, ce que cela veut dire ! Djirata, dans la langue des Chingallahs, cela signifie : « Vas-tu vivre ? » Pourquoi tes parents t'ont-ils appelé de ce nom-là, Djirata ?

Le petit Chingallah ne parle pas seulement ; il se souvient. Il a un passé. Il a raconté à Balainé une histoire qui doit être bien divertissante, si j'en juge par la large découverte des dents d'ivoire et des gencives couleur de rose.

— Voilà, monsieur. Ce petit avait deux frères et une sœur, qui sont morts avant sa naissance. Alors, quand il est venu au monde, son père lui a dit : « Et toi, vas-tu vivre ? » Ça lui a fait un nom.

— Comment s'appelait ton père, Djirata ?

— Les gens l'appelaient Billati.

— Et ta mère ?

— Ouaritou.

— Veux-tu retourner avec eux ?

— Non.

— Pourquoi ?

— Parce qu'on me donne bien à manger ici.

— Est-ce que tes parents t'ont vendu ?

— Quelqu'un m'a pris dans la hutte.

— Où était ton père ?

— Il était allé laver de l'or.

— Et ta mère ?

— Elle était partie.

— Tu sais à qui on t'a donné ?

— Au Fitéorari Amanti... On m'a apporté avec le dourgo.

Vous voyez la scène d'ici. Le bon Fitéorari Amanti était allé chasser l'éléphant dans le pays de Ouombera. Il rentrait, radieux de ses succès, chargé de vingt-cinq paires de défenses. Il aurait voulu dîner comme un victorieux. Mais ces gueux de Chingallahs ne savent pas préparer un dourgo. Ils n'ont ni tedj, ni talla à verser dans les gobelets de corne. Leur moutons n'ont pas de graisse sur le dos. Leurs poules ne pondent pas. Alors le Fitéorari s'est fâché devant la médiocrité de la dîme que lui présentaient ses serfs noirs. Il a parlé de faire attacher le chef du pays. Il avait assez de soldats à sa suite pour rendre cette colère redoutable. On ne savait comment l'apaiser ; quelqu'un est entré dans une hutte, on a trouvé Djirata qui suçait son pouce ; on l'a apporté au maître pour apaiser son courroux, comme un chevreau de sacrifice.

— Mais ce n'est pas le Fitéorari Amanti qui t'a adjugé cet enfant, Balainé...

— Non, monsieur, le Fitéorari l'a changé avec le Bambaras, contre une selle de mulet...

— Et toi tu l'as payé avec ton fusil Gras ?

Balainé baisse les yeux, car ces choses-là ne devraient point se faire sans permission.

— Vous me donnez, monsieur, à porter une de vos carabines. Cela me faisait deux fusils sur mon cheval.

Balainé tient, d'ailleurs, à me démontrer que le jeune Chingallah est enchanté de sa destinée nouvelle.

— Qu'est-ce que tu aimes mieux, Djirata ? Les rats que tu mangeais chez ta mère ou la galette de machella ?

Djirata préfère les galettes de machella, et la

graisse de mouton cru, il n'y a pas de doutes. Son palais s'est éduqué avant son cœur. Il fait la moue à la pensée que les gens de Ouombera se nourrissent, en effet, avec des rats séchés au soleil.

Je le regarde s'éloigner sur ce mépris lippu qui indéfiniment allonge le bas de son visage, et qui, dans son dessin inesthétique a cependant toute la valeur d'un hommage rendu par la Barbarie à la Civilisation.

Eh bien ! c'est entendu, pauvre petit Djirata, tu seras un homme civilisé. Tu ne marcheras plus tout nu sous le brûlant soleil d'Afrique. Un moine abyssin te versera sur la tête son eau sacrée. Ton maître te donnera presque tous les jours de la farine de machella à manger et, tous les ans, le jour de Pàques, une chamma neuve pour te vêtir. Mais qu'est-ce que tu deviendras au milieu de toutes ces délices ? Un bon Chingaïlah qui travaillera comme un mulet, portera de l'eau et du café sur sa tête ? Un mauvais Chingallah qui volera son maître et à qui l'on coupera le pied sur le marché ?

Finiras-tu dans le paradis du moine abyssin ou retourneras-tu manger des rats sur le marais avec les Chingallahs qui égorgent les chercheurs d'or ?

Je comprends l'étonnement de Billati, ton père, le jour où, en te voyant surgir des entrailles maternelles, il s'est écrié : « Vas-tu vivre ? » Mais, puisque l'état civil chingallah permet à un parrain toutes les fantaisies, à sa place je t'aurais nommé, moi : « Pourquoi es-tu né ? »

XXII

LE BUFFLE

La bête légendaire dont mes soldats abyssins
causent entre eux, le soir, assis autour des
grands feux, ce n'est pas le lion, c'est le buffle.

— Le lion, m'a dit cent fois Abdi, il ne
t'attaquera jamais si tu ne le provoques point...
Mais le buffle ! C'est lui qui charge l'homme.
Il se cache derrière un buisson, un tas de
pierres, dans la simbalette... Il se lève à quatre
pas du chasseur. Il est si effrayant, si brusque,
que beaucoup d'Abyssins ont été tués par lui,
sans seulement avoir eu le temps de se mettre
en défense. Ils n'y avaient pas songé ! Ils

avaient rentré leurs têtes entre leurs épaules, comme si, du haut d'une montagne, un quartier de roc roulait sur eux.

Je sais que l'immense forêt de Handeck, entre les rivières Didessa et Angueur, est une des dernières retraites de ces animaux dont la rencontre se fait rare. A ma première traversée du pays, je n'ai pas pu me donner le loisir d'une station de chasse dans cette admirable réserve de bêtes sauvages. Mais, maintenant, nous sommes sur le chemin du retour. Nous avons heureusement touché le but de notre voyage; on se sent des droits à quelques heures de divertissement.

Cette forêt de Handeck a été défendue contre les empiétements des paysans gallas par le chef du pays, le dedjaz Ghébregzyer. Il a voulu en faire un parc immense à éléphants. Ces formidables bêtes, repoussées par le progrès des cultures, s'enfuyaient toutes vers les marais du Dabous. Il devenait difficile de les y atteindre aux saisons de battues, quand le dedjaz mobilise une petite armée pour aller chasser l'ivoire.

Alors le gouverneur du Ouallaga a interdit sous peine de mort d'allumer ces incendies, qui, un peu partout, ont rongé les forêts, chassé la bête fauve, préparé la route aux charrues.

Ces terres que nous foulons sont des alluvions glissées le long des flancs abrupts du Gara-Maretchi. C'est un sol d'une fécondité sans limite. La jungle y atteint des tailles d'arbres, les bambous y ont la grosseur de canons de montagne. Dans l'herbe d'or où nos montures enfoncent, tantôt jusqu'au paturon, tantôt jusqu'au jarret, des fleurs, de formes et de colorations inconnues, se dressent sur des hampes. Et la lumière même où nous sommes baignés, pleut en rayons d'or vert, à travers la souple cotte de mailles du plafond de feuilles.

Sur ce tapis humide les traces des habitants de la forêt sont écrites en profondes foulures. Nos gens les nomment, même lorsque la terre est invisible, lorsque les pas, à nos yeux, sans dessin précis, sont seulement révélés par des écrasements d'herbes.

J'ai pu cependant m'assurer par moi-même que le buffle est abondant dans la région. Au passage des torrents la boue a moulé des empreintes que j'ai appris à lire. Ce n'est pas la fourche écrasée de nos bœufs et de nos taureaux domestiques. Ce sont des sabots taillés pour « prendre », aussi différents du pied de vache que la mule d'une danseuse espagnole est distincte de la chaussure d'une pauvresse anglaise.

J'ai laissé sur ma droite le gué où les laveurs d'or qui redescendent de Maretchi ont coutume de franchir la Didessa. Pour belliqueux que soit le buffle, il n'est pas un coupeur de route. Il aime lui aussi la solitude. Si, à la première vue, il se jette sur l'homme, c'est qu'il veut défendre la tranquillité de son sommeil et de sa pâture. Or, tel quel, le gué de Maretchi est la plus grande voie de communication entre Lekamti, la capitale du dedjaz Ghébregzyer, et les territoires du Ouallaga. Le buffle a dû s'éloigner à droite et à gauche de cette passe. J'ai décidé de le rechercher vers le Nord.

On ne peut pas dire que cette fantaisie ait
été accueillie avec enthousiasme par ma troupe.
Certainement on serait enchanté de rencontrer
un buffle et de rentrer glorieusement à Lekamti
avec le trophée de ses cornes. Mais dans ces
parages, inconnus de tous, où je m'aventure à
la boussole, il n'y a plus de chance de rencontrer ni paysans, ni villages. Le droit de réquisi-
tion que le Négus m'a accordé ne servira de
rien ces jours-ci. Au lieu d'hydromel, on boira
l'eau de la Didessa; et, d'autre part, cette nuit.
il faudra se garder sans défaillance, car ce n'est
pas seulement la bête féroce qui pullule sur le
marais, ce sont les nègres chankalles, qui, ces
jours-ci, ont coupé deux pauvres gens en morceaux, à un quart d'heure de nos tentes.

Dans ces occasions de méchante humeur,
j'ai pris l'habitude de prendre un peu les
devants. Des gens qui savent qu'on ne les
regarde point détendent, petit à petit, leurs
mines renfrognées. Mais il semble qu'aujour-
d'hui la bouderie s'accroisse à chaque pas.
Évidemment le marais est tirant, les mulets

s'enlizent, les charges se déplacent et la défense de chanter sur le terrain de chasse ces mélopées qui balancent la marche, soutiennent l'entrain d'une troupe, laisse chacun en face de sa grognonerie.

Déjà deux fois Abdi s'est approché. Il dit que nous ne trouverons pas un second gué pour franchir le fleuve et qu'il faudra recouvrir demain tous les pas que nous alignons l'un devant l'autre. Je m'obstine. Je déclare que je vais me rapprocher de la rivière et que sûrement, avant le soir, nous trouverons quelque chapelet d'îlots qui nous permettra de franchir le fleuve sans mettre nos montures à la nage.

Ces rives de la Didessa sont protégées contre la vue par un inextricable fourré. Les arbres s'élancent ici à des altitudes de montagnettes. Les pieds dans l'eau, la tête dans le feu, ils semblent monter à la conquête des nuages. Et bien entendu les lianes les attachent les uns aux autres, comme les agrès d'une mâture. C'est l'ombre et c'est le piège.

Depuis des heures, je cherche dans cette muraille une petite brèche qui me donne raison, qui trahisse le passage de l'homme ou des animaux à travers cette citadelle de vie végétale. Il n'est pas possible que les Chankallas ou les éléphants n'aient pas découvert, pour traverser le fleuve, une autre passe moins fréquentée que le gué de Maretchi. Et justement voici que mon cheval est entré dans une sorte de sentier qui pique droit vers la rivière. A mesure que j'avance, le tunnel de verdure où nous sommes engagés se resserre ; le plafond descend ; la lumière baisse. Cheval et cavalier nous avançons presque dans les ténèbres ; le fleuve est derrière ce rideau d'arbres. Je l'entends qui coule : un grand bruit infini d'eaux rompues sur des pierres, la voix de la marée, mais plus monotone, uniformément tendue, sans ces à-coups, ces respirations de la vague qui s'écroule et puis se relève. Je me laisse envelopper par ce grand bruit berceur. Je ne pense plus à la Didessa, au gué, au buffle, je ne surveille même plus Ato, mon vaillant petit cheval qui avance, comme il veut, les rênes sur l'encolure. L'évocation de la mer m'a détourné vers des souvenirs d'autrefois ; j'ai quitté le sentier de chasse, et l'heure et la terre d'Afrique...

— Ho !... Ho !... Hola !... Qu'est-ce qui te prend, Ato ?

Je l'ai su plus tard, mais à l'instant même je n'ai pas eu le temps de me reconnaître. Je me suis contenté de « sentir ». De sentir que le cheval se lève entre mes genoux, qu'il essaie un tête-à-queue et qu'avant d'avoir réussi il est avec moi jeté de côté par quelque poussée formidable, obscure dans les ténèbres. Cela est si prompt que je ne distingue rien. La berge est-elle venue à manquer sous nos pieds ? Il semble plutôt qu'elle s'est soulevée comme dans un tremblement de terre pour culbuter les insolents qui venaient troubler son repos.

Un buisson tout plein d'épines n'est pas un lit si moelleux qu'on s'y attarde à conjecturer, même étourdi par la chute. Ato est de mon avis. Deux ou trois efforts, deux ou trois rechutes sur ma cuisse, heureusement protégée par les sacoches du paquetage, l'ont remis debout. Je m'empare de sa bride qui traîne. Tant bien que mal je remonte en selle, et malgré sa mauvaise volonté je l'oblige à sortir de cette chambre noire.

Au dehors, dans la clairière, le spectacle est émouvant.

Fiché sur ses quatre pieds, un buffle de bonne taille considère, avant de la charger, ma troupe effarée. Trois ou quatre mulets, épouvantés de cette apparition, ruent par quarante-cinq degrés et se débarrassent de leurs bâts. De ce fait, deux hommes sont par terre. Les autres s'efforcent de mettre un tronc d'arbre entre la charge du buffle et leur surprise.

Soudain, le buffle baisse la tête. En même temps, il gratte la terre avec un de ses sabots. Il pousse ce petit beuglement étranglé que connaissent les amateurs de « courses ».

Un cri s'élève :

— Abdi !... Il va charger !... Tire !...

Un coup de feu répond. Comme s'il obéissait

à un ordre, le buffle tombe sur les genoux. Il est touché à six mètres, au défaut de l'épaule, par une balle de fusil Gras. Nous attendons son écroulement. Il se relève.

Je l'aperçois de trois quarts avec mon brigadier chef debout à quelques pas de lui; le reste de la troupe en débandade, par derrière. Je ne peux tirer sans risquer d'atteindre à travers le buffle ceux qui sont là. D'ailleurs, Ato refuse d'avancer; il se défend entre mes genoux. Vivement, je mets pied à terre. Le buffle fait un mouvement. La crosse du fusil est dans mon épaule. Inutile. Voilà l'ennemi qui s'écroule. Une petite convulsion l'agite à terre. C'est le couteau qu'il faut maintenant dans sa nuque. A fond! Il se détend. Il est en paix...

... Une heure plus tard, quand déjà la belle peau sombre traînait par terre, écorchée, humide, comme un peignoir-éponge laissé sur le carreau de la salle de bains, je suis rentré dans ce tunnel de verdure, que j'avais pris pour le sentier d'un gué.

Là, le buffle avait sa bauge, adossée au fleuve, protégée contre les intrus par l'ombre et par les épines. Je l'avais surpris, sans doute, sur la fin de son ruminement, au début de son sommeil. Il n'avait pas entendu le bruit des sabots du cheval étouffé par l'herbe. Il avait eu aussi peur qu'Ato, lorsque, dans les demi-ténèbres, il avait aperçu, au-dessus de soi, cette forme inconnue : un homme sur un cheval. Pour notre bonheur, il dut nous culbuter en se levant, d'une poussée de flanc ou d'épaule. Il ne voulait pas engager la lutte dans cette tanière. Il était sorti pour prendre du champ.

A cette heure, ses cornes admirables sont suspendues dans ma salle à manger, au-dessus de la porte. Un homme les soulève à peine. Trapues, farouches, elles conjurent le mauvais sort. Une petite plaque de cuivre fixe à jamais pour moi le souvenir de cette rencontre :

« Forêt de Handeck, 24 avril 1901. »

XXIII

LE LAVEUR D'OR

Depuis le matin, il y avait de nouveau, dans le marais de Handeck, des traces de vie. Des buffles avaient imprimé le trèfle de leurs sabots, au passage des gués, dans la boue gluante. De larges foulures dans l'herbe disaient que les hippopotames, à cette heure cachés au fond de la rivière, étaient venus, pendant la nuit, paître sous les arbres. Une harde d'éléphants, en fuite vers le Dabous, avait, comme une trombe, tout ravagé sur son passage.

Balainé qui, un instant, s'était éloigné sur le flanc de la caravane, pour suivre une antilope blessée, prétendait avoir relevé sur le sable d'une fourmilière les empreintes impériales de « celui qu'on ne nomme pas ».

Nous descendions les pentes du mont Tchoki. à la recherche du carrefour inconnu où, disaient les chasseurs d'éléphants, le Nil Bleu et la Didessa se rencontrent. Du pays Galla à ce marais, la chute est d'environ deux mille mètres. J'avais dû laisser sur les hauteurs le gros de ma troupe, les bagages, toutes les bêtes blessées, tous les hommes fiévreux, toutes les bonnes volontés hésitantes.

Quand j'avais demandé à Abdi, le brigadier chef, s'il s'engageait à me descendre sur le marais quelques caisses de cartouches, il avait répondu :

— Sur quoi voulez-vous que je les charge?

— Mais le chef du pays m'a promis des mulets en bon état!

— Demandez-lui des aigles.

Les aigles étant d'un recrutement difficile, chacun avait garni et serré sur ses hanches une cartouchière à deux rangs. On avait mis

sur les mulets seulement ma tente, des effets
de campement, de la farine d'orge et quelques
conserves.

— Pour vous défendre contre les bêtes,
avait déclaré Abdi avec simplicité, vous êtes
assez fort. Contre les hommes, c'est une autre
affaire. Si les Béni-Changouls veulent vous
empêcher de passer, vous ne passerez pas. Si,
au retour, ils veulent vous empêcher de revenir, vous ne reviendrez pas. Nous irions tous
derrière vous, avec les fusils et les caisses de
cartouches, que cela ne changerait rien à l'affaire. Les Béni-Changouls n'ont que des lances,
mais ils en ont tant ! Et ils s'en servent si
bien ! Inutile de surcharger vos mulets pour
le plaisir.

De loin en loin, dans les replis des petits
cours d'eau qui descendent à la Didessa, nous
rencontrions des huttes de chasseurs, en ruines.
Afin de ne pas dormir sur le marais pesti-
lentiel, les Gallas abattent à la hâte quelques
bambous gros comme des poteaux de télégra-
phe. A un ou deux mètres du sol ils élèvent,

comme sur pilotis, un petit plancher. Il leur
sert de couchette. Des feuillages forment la
toiture, meublent trois côtés de l'alcôve. Quand
on part, on laisse ces abris debout, derrière
soi, pour que d'autres en profitent. La forêt
vierge les cerne, les lianes les escaladent, et
cela fait des logettes étranges à rencontrer
ainsi, dans la solitude.

Je chevauchais un peu en avant de ma troupe,
suivi de Balainé, car le bruit que fait une caravane en marche effraye les plus formidables
gibiers, et il faut respecter le silence si l'on
veut accroître les chances de placer une balle
heureuse.

Nous venions de nous engager tous les deux
dans un de ces tunnels de verdure qui, au
passage de torrents, promettent vaguement un
gué. En plein midi, il y faisait noir. Les yeux
éblouis de la clarté extérieure et tout préoc-
cupé des glissades de mon cheval sur les
pierres roulantes, je ne regardais guère à
droite ni à gauche.

Soudain, à voix basse, Balainé me nomma :

— Monsieur...

Il s'était avancé entre moi et la chose inconnue. De sa main droite, il abaissait le canon de mon winchester, que, d'instinct, j'avais relevé.

Deux hommes étaient là, debout, deux Gallas, appuyés sur leurs lances, immobiles comme des arbres. J'avais passé devant eux, près à les frôler, sans les voir.

Nous échangeâmes le salut :

— *Gariboulté.* (Portez-vous bien.)

Ils répondirent :

— *Gariboultani.*

Forme de pluriel qui marque le respect.

Alors, on s'aborda.

Ils dirent qu'ils avaient chassé l'éléphant dans le Dabous avec les soldats du Dedjaz-Ghébregzhier. Ils étaient nus jusqu'à la ceinture, purs de formes, et dorés comme des bronzes de patine claire. Ils allaient au Pays de Limou, à six jours de marche, pour une affaire pressante. Ils demandèrent s'ils pourraient se joindre à ma caravane tant que nos routes seraient communes.

— Car, dit l'aîné, nous ne marchons, mon frère et moi, que la nuit. Ces Béni-Changouls sont des ennemis mortels pour ceux de notre race. Vous leur ferez peur parce qu'ici, sur le marais, ils n'ont jamais vu un blanc, et parce qu'ils seront effrayés de vos fusils.

Nous voyageâmes trois jours de compagnie. Ils étaient fort discrets et s'écartaient de mes hommes, à l'heure des repas, pour manger quelques bribes de galette. Mais, dès le premier soir, Balainé me dit qu'ils avaient menti quand ils s'étaient donné pour des chasseurs d'éléphants. Ils s'étaient trouvés, autour du feu de veillée, avec des hommes de l'escorte qui portaient à l'oreille la boucle d'or, pour avoir tué, en combat singulier, la bête monstrueuse. Ces chasseurs experts les avaient pressés de questions. Ils n'avaient su que répondre. Ils ne venaient pas davantage du Dabous. Un seul point était sincère dans leur récit : l'inquiétude que leur causaient les Béni-Changouls.

Je me contentai d'ordonner qu'on eût l'œil

sur eux, dans le cas où nous aurions eu affaire à des voleurs, qui se seraient sauvés de nuit, emportant une couverture, une pièce de harnachement, une mule ou un fusil.

Ils nous quittèrent sans nous avoir donné nul embarras, mais l'angoisse au cœur. En effet, toute la dernière nuit, les sentinelles avaient veillé sur le qui-vive. Avec ce flair de limiers qu'ils ont, au soleil comme dans les ténèbres, mes Abyssins avaient senti que l'on rôdait autour du camp. La tranquillité des chevaux et des mulets, entravés au milieu des quatre feux, indiquait suffisamment que ce n'était pas de la bête, mais de l'homme qui rampait dans l'ombre. Une fois, on vint me réveiller, et je me levai, à la hâte, craignant une alerte; mais ce fut vainement que, pendant plus d'une heure, je prêtai l'oreille, scrutai l'obscurité d'une nuit sans lune. Je n'entendais rien que le silence et les bruits ordinaires de la forêt vierge.

... Une semaine plus tard, je rentrais à Lékamti, la capitale du Dedjaz-Ghébregzhier, avec la satisfaction d'avoir atteint mon but, et traversé le marais sans y laisser personne. Ces rentrées dans les villes, au milieu des soldats en fête, ont toujours un caractère pompeux. Les autorités de l'endroit se portent à votre rencontre, et aussi les oisifs, qui, entre le Nil Bleu et le Nil Blanc, sont aussi nombreux qu'ailleurs.

Comme je descendais de cheval, heureux d'entrer dans l'enceinte du gouverneur pour y boire une corne d'hydromel bien frais, quelqu'un me coupa la route.

Je crus que c'était un mendiant lépreux, et j'allais l'écarter avec le manche de mon fouet, quand l'homme poussa un gémissement, auquel mes soldats répondirent par un cri d'horreur.

— C'est le Galla!

— Quel Galla?

— Un des deux hommes que vous avez rencontrés sur le marais.

Je ne l'avais pas reconnu.

—Et qui donc t'a mis dans cet état-là, mon Dieu?

Il éleva sa figure, pour attester le ciel. Et il gémit :

— Eux... Eux !... Les Béni-Changouls.

— Et ton frère ?

— Mort !... Ils l'ont tué ! Ils l'ont coupé en morceaux... Ils ont jeté sa tête dans un trou.

— Et tu ne l'as pas défendu ?

— Ils m'ont frappé le premier, mais j'ai fait le mort... Je suis resté couché par terre... sans bouger... Alors, ils ont couru après mon frère qui se sauvait... Voyez comme ils m'ont blessé !... Ayez pitié de moi, ou, moi aussi, je vais mourir !

Une voix s'éleva derrière lui qui dit, comme un écho :

— Ayez pitié de lui.

Je tournai un peu la tête et je vis une jeune femme dans la trentaine, infiniment belle, touchante et triste. Elle était habillée comme les veuves. Elle avait soutenu le blessé, elle l'avait aidé à s'approcher de nous.

Le Galla prononça :

— C'est notre sœur... Nous ne sommes pas

des chasseurs d'éléphants... Nous sommes des
laveurs d'or... Nous traversions le marais pour
aller porter à Limou les grains d'or que nous
avions recueillis dans les rivières du Ouallaga...
Car l'or se vend mieux à Limou que dans ce
pays-ci... Et il nous faut soutenir notre sœur
qui est veuve avec ses deux enfants... Nous
n'avons pas dit que nous avions de l'or sur
nous, parce que nous ne vous connaissions pas
et parce que vos hommes auraient pu nous
dépouiller... Mais, maintenant, les Béni-Changouls ont écartelé mon frère, et si vous n'avez
pas pitié de moi, je vais mourir !...

La nuit tombait, et je ne pouvais songer à
le soigner dans l'obscurité. Je lui donnai,
ainsi qu'à sa sœur, rendez-vous pour le lendemain.

Comme je manquais de charpie, j'allai acheter, sur le marché de Lékamti, de petits fu-
seaux de coton filé. Des hommes les appor-
taient de fort loin, fièrement piqués sur leurs
poings comme des faucons. Je les fis longuement bouillir dans la dernière casserole à peu

près émaillée qui nous restait. Puis on en fabriqua une provision de longues mèches, que nous trempâmes dans le sublimé. Tout était prêt quand, à l'heure que j'avais fixée, le blessé se présenta, appuyé sur sa sœur et sur un long bâton.

J'en ai vu, dans ces chemins d'Afrique, des plaies hideuses d'hommes et de bêtes : rien de pareil à ce qu'il me montra. Un premier coup de lance l'avait atteint par derrière, à la tête, et jeté sur la face. Alors, les Béni-Changouls s'étaient amusés à le frapper. Il avait toute la musculature du dos à découvert, creusée de déchirures profondes. Des coups de couteau lui avaient hâché les biceps, les bras. Et tout cela n'était qu'un tas immonde de purulence, de sanies, délayées avec la terre, sur laquelle il s'était traîné, à plat ventre, pendant trois jours, — avec le beurre dont un pieux Samaritain l'avait enduit.

Les mouches volaient autour de lui par essaims. Il me dit qu'elles ne lui laissaient de repos ni jour ni nuit. J'en étais aveuglé. Dans

les sillons que les lances atroces des Béni-
Changouls avaient creusés dans la chair de
son dos, mes longues mèches s'enfonçaient, se
superposaient. Maintenant, ses cheveux étaient
décollés. Ses plaies, propres, n'avaient plus le
contact avec l'air. Il avait tout enduré sans un
soupir. Je dis à la sœur :

— Vous voyez cette casserole? Je vous la
donne. Vous y mettrez de l'eau bien propre,
avec neuf tisons rouges dessous. Vous atten-
drez que cette eau chante. Alors, vous répé-
terez sept fois la plus longue prière que vous
savez, et vous direz à la fin : « Saint Georges!
Saint Michel! Guérissez-le! ».

Sérieusement, profondément, elle répéta les
rites de la magie prescrite.

— Mais ce n'est pas tout! Je vais vous donner une petite poudre bleue. Elle fait mourir
ceux qui la touchent avec leur langue. Vous la
jetterez dans l'eau qui aura chanté sur le feu.
Vous vous en servirez comme j'ai fait pour
tremper les mèches. Alors... votre frère gué-
rira.

Elle me regardait avec des yeux tristes et brûlants, comme les saintes femmes en ont au pied des crucifiements.

Huit jours plus tard, nous quittions Lékamti et les pays gallas, pour reprendre le chemin d'Abyssinie. A quelque distance de la ville, sur la route, j'aperçus le couple, le frère et la sœur.

Il s'était traîné jusque-là pour m'apporter son remerciement, loin de la foule et des coudoiements.

— Sans vous, dit-il, je serais mort.

Il se baissa, malgré ma défense, pour me baiser la guêtre, au-dessus de l'étrier. Il n'avait que sa souffrance à offrir.

La sœur dit simplement :

— J'ai ajouté une parole à la magie que vous m'avez apprise. Chaque jour, pendant que l'eau chante, je dis : « Saint Georges ! donnez à ce chrétien un heureux retour dans son pays ».

XXIV

LE TOTA

J'ai déjà tracé plus haut le croquis du petit Ouallamo enlevé dans une razzia par les Soudanais de Léontieff. Il semblait que cet enfant se fût attaché à moi comme fait l'ombre au voyageur dans ces pays d'ardent soleil. J'avais songé à le ramener en France et j'écrivais :

« Mon ami Sorké descendra à la côte. Il verra la mer. Il connaîtra les villes que les hommes blancs ont bâties. Un dimanche d'hiver je le conduirai au Musée du Louvre. Je lui montrerai les belles choses que, dans des temps évanouis, créèrent ceux de sa race. Et qui sait si, un instant, il ne lèvera pas la tête, le Scribe égyptien agenouillé au milieu de la salle des Osiris, pour sourire à ce visiteur qui lui ressemble, le petit Sorké du Ouallamo, razzié par un condottiere du vingtième siècle au bord du lac Rodolphe. »

Beaucoup de mes amis avaient gardé dans leur souvenir cette image de l'enfant esclave, et, depuis que je suis de retour, plus d'un m'a demandé :

— Et votre ami Sorké?... Où est-il?

Sorké n'est pas descendu à la côte; il n'est pas monté sur le navire; il ne viendra pas troubler le recueillement du Scribe égyptien. La grande Afrique l'a gardé. Il a fui ma tente. A travers les périls de la nuit et de la montagne, des fauves et de la razzia, il a tenté de regagner seul ce Ouallamo où il était né. Puisse-t-il avoir revu cette falaise à pic que les vagues du lac Rodolphe battent en mugissant.

Il était, quand on me le donna, un animal sauvage. Jamais la vigilance ne s'endormait dans ses yeux larges. Un jour, par amitié, je lui avais posé la main sur la nuque ; il s'était retourné, avec la décision de la lutte à mort dans ses prunelles. N'était-ce pas ainsi que, tant de fois, pour leur mettre le couteau dans la gorge, il avait vu saisir ces prisonniers que les siens saignent après la victoire ?

Petit à petit, pourtant, j'avais cru l'apprivoiser. Il dormait sur un tapis, sous notre tente. Le matin, il me présentait, avec un grand sérieux, les objets de ma toilette. Il servait à table comme un « boy » bien stylé. Il faisait le salut militaire pour dire merci. Il tendait les deux mains à la fois pour recevoir un gâteau sec. Au camp, lorsque la tente était dressée, il rôdait à l'entour armé d'un gourdin. Et personne n'osait venir troubler le repos ou le travail du maître. Les fâcheux tâtaient de la trique, les mendiants et les chiens recevaient des pierres. Pour me suivre à l'avant-garde, il s'était approprié un vieux cheval blanc. Il avait donné dans une rencontre avec des soldats maraudeurs comme un héros d'Homère.

Pourtant, le destin avait décidé que Sorké ne verrait pas la France, et voici comment il s'y prit, sournoisement, pour nous désunir.

Sur la fin d'avril, derrière la Didessa, nous chevauchions depuis cinq ou six heures; le plateau, doucement vallonné, était coupé de petits ravins où s'étouffaient des arbres.

Parfois, rapide comme l'éclair, quelque antilope jaillissait du fourré, et franchissait la piste d'un saut. On s'était assis près d'un de ces ruisseaux pour rafraîchir les bêtes. A une vingtaine de mètres de notre halte, un grand frisson de ramée me fit lever les yeux vers la cime des arbres. Sorké avait eu le même mouvement que moi :

— *Zingero !...* dit-il en abyssin. C'est-à-dire « des singes !... »

Et, vif comme un lézard, il disparut dans l'herbe.

J'avais beau écarquiller les yeux, je ne distinguais pas les corps des acrobates qui, si joyeusement, s'ébattaient au faîte d'un figuier-sycomore. Du moins, à la légèreté du remous, je pressentais que ceux-ci n'étaient pas ces grands « gourézas » dont j'avais déjà tué plus d'un type. Pour obliger ces malins à se découvrir, j'épaulai mon winchester. Au petit bonheur, j'envoyai une balle là où l'agitation des feuilles semblait la plus violente.

La fumée de la cartouche n'était pas dissipée que déjà toute la bande avait plongé au fond du ravin; mais un cri joyeux de Sorké avait répondu au coup de feu :

— J'en tiens un !

En effet, le jeune garçon revint vers moi en courant. Il portait dans ses bras une créature charmante. C'était un singe de l'espèce délicate que Gallas et Abyssins nomment « tota ». Deux yeux, qui semblaient des bijoux, étaient enchâssés dans un masque d'arlequin en velours noir; une petite barbe blanche, un bandeau de front blanc, sous la toque un peu fauve, encadraient ce visage intelligent. Le manteau tirait sur le gris, rompu de poils orangés. La bête était grosse comme un chat de trois mois. Elle avait à peine atteint la moitié de sa taille,

La balle avait dû couper la branche sur laquelle elle se balançait. La bête était tombée sur le dos, dans l'herbe, et Sorké avait profité de son étourdissement pour la saisir.

Je sortis des fontes de ma selle une chaînette d'acier. Elle servit à faire une ceinture et une laisse au tota, que Sorké prit devant soi, sur son cheval. Le tout ne s'était point passé sans quelques grincements de dents; mais le tota était jeune, et le pas du cheval le balançait à la façon d'une branche. Le soir, quand nous arrivâmes à l'étape, le petit singe et le petit Ouallamo, l'un juché sur l'épaule de l'autre, formaient un groupe d'insépa-rables.

Tout de suite, le tota montra pour les raffi-nements de la civilisation un engouement très vif. Il s'assit, sans façon, sur la nappe d'abou-djidide, afin de lapper dans une soucoupe un délayage de lait concentré. Il grignota des bis-cuits secs en tournant les prunelles. Il poussa des cris affreux quand il vit que Sorké empor-tait la boîte en zinc.

L'heure du coucher étant venue, le petit ouallamo demanda :

— Où ce totà va-t-il dormir?

— Eh bien! sous la tente... Attache-le au pied de mon lit... Les nuits sont froides... Il se roulera dans les couvertures...

Sorké me regarda gravement. Il avait sur les lèvres une parole qu'il ne prononça pas.

Le lendemain, quand je lui ordonnai de prendre le tota sur son cheval, il répondit :

— Je ne pourrai pas galoper. Il sera mieux sur les mulets de charge.

Et, sans attendre la permission, il remit le singe entre les mains d'un convoyeur.

Dans le silence des longues routes que l'on fait pendant des mois côte à côte, les cerveaux se mettent à l'unisson. On devine les pensées d'un compagnon sans qu'il parle. Je sentis donc qu'il y avait un nuage entre Sorké et moi, mais je crus à un caprice d'enfant, et je n'y pris pas garde.

Trois jours plus tard, le ouallamo et le tota étaient devenus irréconciliables. Quand Sorké pénétrait sous la tente, le singe grinçait des dents. Il s'arrêtait de croquer des noisettes pour suivre son ennemi d'un regard méfiant dont il l'accompagnait jusqu'à la sortie. D'ailleurs, si, derrière mon dos, Sorké avait joué de mauvais tours au tota, il avait cette excuse que lui-même les hommes le tourmentaient. Un enfant de troupe est toujours un peu un souffre-douleur dans une compagnie d'hommes rudes. On avait remarqué la mauvaise humeur du petit ouallamo. On se plaisait à l'aiguiser. On lui disait :

— Tu as trouvé un camarade ? Parles-tu, avec lui, la langue de ton pays?

Ou, encore :

— Ce n'est plus toi qui es le favori, Sorké! Si le tota dit qu'il veut monter sur le cheval blanc, on t'en fera descendre !

Ceci fut le premier signe de désaffection que me donna Sorké :

Avant de me lever de table, j'avais l'habitude d'empiler, à son intention, quelques friandises dans une assiette : le maigre dessert de la route, des confitures anglaises au gingembre, un poignée de figues, un biscuit poussiéreux. Un soir, que je lui tendais sa ration de plaisir, Sorké secoua la tête, tourna les talons, et brusquement sortit.

... La route du retour m'avait ramené dans la plaine d'Addis-Ababa: mais l'Empereur était absent. Il me fallait revenir sur mes pas, pour aller prendre congé de lui à Addis-Alam. Je laissai mes tentes, mes bagages, mes gens, mes bêtes, à la garde de mon brigadier chef, et je partis pour la capitale d'été, sans emmener Sorké ni son cheval blanc, seulement avec mon secrétaire et quatre hommes de suite.

Quand je revins sur la fin de la semaine, ma première question fut :

— Et le tota?

— Il est toujours vivant.

— Et Sorké?

Le brigadier chef hocha la tête avec un peu d'embarras :

— Sorké, dit-il, a fait un mauvais coup.

Et il appela :

— Oualdé-Guiorguis !

Je vis avancer un de nos muletiers qui avait la main droite enveloppée dans un chiffon san-glant :

Je lui demandai :

— C'est Sorké qui t'a blessé ?

— Je l'ai appelé tota...

— Alors ?

— Il m'a donné un coup de couteau.

— Maintenant, où est-il ?

Abdi désigna la porte de l'enclos :

— Il s'est sauvé...

— Vous ne savez pas où il s'est réfugié ?

— On l'a cherché dans toute la ville... Il a dû se cacher dans la montagne.

— Il n'a rien emporté en se sauvant ?

— Depuis qu'il est parti, j'ai placé une sen-tinelle à la porte de votre tente... On n'a plus touché à rien... Vous allez voir...

Je ne pris pas garde au tota attaché au pied de mon lit qui s'élança sur mon épaule avec une joie évidente. Je pensais qu'à cause de lui,

Sorké s'était sauvé dans la montagne, que je ne le reverrais plus.

L'inventaire de mes bagages révéla des choses touchantes. Sorké s'était donné beaucoup de mal pour distinguer ce qui lui appartenait en propre de ce que je lui avais donné comme effets de livrée et parce qu'il était à mon service. Il avait décidé de partir, mais il voulait emporter mon estime.

Un petit revolver, qu'il suspendait ordinairement autour des hanches, s'étalait, en évidence, sur mon lit; l'arme lui aurait été fort utile sur la route; en l'abandonnant, il avait dû s'arracher un morceau du cœur. D'autre part, en échange d'un beau foulard à fleurs qu'il tenait de Léontieff, et qu'il laissait enfermé dans une de mes cantines, il avait cru qu'il pouvait emporter sa châmma.

Je murmurais :

— Il n'a rien pris...

Quand mon secrétaire s'écria :

— Pardon! Il m'a volé ma boîte à cirage.

Sorké n'avait pas volé la boîte à cirage; on

s'en aperçut un peu plus tard. Au moment où sa dignité lui ordonnait de quitter une tente où il se croyait placé sur le même rang qu'un tota, il n'avait pas oublié les anciennes bontés de son maître. Il avait voulu prouver, à sa façon, qu'il était reconnaissant, en souvenir du passé. Alors, il s'était emparé de la boîte à cirage du secrétaire, et il avait passé la nuit à mettre en noir mes bottes, une paire de souliers de chasse en cuir jaune, des brodequins de toile blanche, achetés à Djibouti, chez un Grec, et que je chaussais seulement dans les grandes occasions.

Pauvre petit Sorké! Qui donc t'avait appris la probité, la délicatesse, la fierté du cœur? Les soldats soudanais de Léontieff qui t'avaient enlevé dans une razzia, ou tes aïeux du Oual= lamo, les farouches guerriers qui saisissent leurs prisonniers par la nuque pour les égor- ger?

XXV

LA LOI DE LA ROUTE

Les derniers rayons de soleil couchant éclairent d'un reflet ricoché le profil des monts Assabot. C'est comme un écran de tôle découpée, qui se lève de la surface plate du désert dankali. Rapidement les ombres montent de la plaine. Déjà, elles enveloppent la moitié de la montagne, et le rayon attardé qui flambe là-haut semble le feu, éblouissant et fixe, d'un gigantesque phare, dressé dans un îlot, en avant-garde d'une côte d'écueils.

Entre Kersa et Billen, nous sommes campés pour la nuit, à l'abri de ces luxuriantes verdures que la source chaude fait jaillir du sol. L'étape a été rude. Presque toutes les bêtes sont couchées ; j'ai dû me fâcher pour obliger les hommes — ils aimaient mieux s'étendre, — à préparer leur nourriture du soir. Il faudra qu'ils montent, cette nuit, des gardes vigilantes, car la jungle est pleine de bêtes redoutables et ce carrefour où les caravanes sont contraintes de passer pour aborder le Haut-Plateau est perpétuellement écumé par les Dankalis.

Nous non plus, nous n'avons pas faim, mais un désir d'eau fraîche est sur toutes les lèvres. On sourit quand Abdi, le brigadier chef vient annoncer :

— L'eau des guerbas est tiède... Et puis, elle a été trop chauffée par le soleil... J'ai expédié un homme du côté de l'Aouache... Il me dira si nous sommes loin de la boucle du fleuve, et si quelque ruisseau ne coule pas entre les arbres qui sont là-bas.

— Qui as-tu envoyé, Abdi ?

— Haélimascal... C'est un garçon débrouillard...

En attendant, on se met à table. On a débouché une bouteille d'eau minérale qui n'est plus guère gazeuse, et servi du saumon de conserve. Le soleil l'a touché au travers du zinc et, dans sa boîte bombée, ce poisson tombe en défaillance.

Au moment du deuxième service, un sursaut.

Une des sentinelles qui, du côté de l'Aouache, garde le camp, accourt en poussant un cri :

— *Zôonn !*

C'est l'éléphant.

En une seconde, tout le monde est debout. Les gens qui devisaient, accroupis autour du feu, ceux qui, déjà, sommeillaient roulés dans leur couverture.

Derrière la sentinelle nous courons à la limite de l'enceinte, et nous escaladons la petite butte d'où l'homme veillait.

— Eh bien ! où sont-ils, tes éléphants ?

— Là-bas ! Vous ne voyez point ?... cette colonne de poussière... ce remous, à la cime des arbres ?

En effet, la forêt plie. Une force inconnue

qui n'est point la poussée d'une de ces tours de sable et de vent, qui, si souvent, voyagent à travers ces solitudes, oblige la futaie à céder sous un effort formidable. Tous nos chasseurs la nomment du même nom que la sentinelle, cette force masquée et destructrice :

— *Zôonn...*

C'est un parti d'éléphants qui circule et profite de la fraîcheur du crépuscule pour changer de pâturage.

Sur la gauche, il y a une sorte de clairière ; c'est-à-dire que, une seconde, les arbres s'interrompent pour laisser la place à la jungle. Le remous des futaies semble s'orienter vers ce marais. Si les éléphants le franchissent, ils apparaîtront en silhouette quelques secondes et nous les verrons à découvert.

Je cherche les yeux d'Abdi :

— Faut-il préparer le calibre « quatre » et nos balles pleines ?

Il secoue la tête :

— Rappelez-vous ce que vous a dit le Négus : « Les éléphants sont devenus méchants depuis qu'on les chasse avec des fusils... A présent, c'est eux qui chargent l'homme... N'attaquez jamais si vous n'êtes pas le plus fort. » Voilà ce que l'Empereur vous a recommandé. Eh bien ! nous ne sommes qu'une vingtaine, et, là-bas, les éléphants sont plus nombreux que nous. Vos hommes sont fatigués. Si les éléphants éventaient le camp, s'ils nous chargeaient, s'ils se jetaient sur les tentes, pour les piétiner, plus d'un d'entre nous laisserait ses os au pied de l'Assabot. Ce qui peut nous arriver de meilleur, voyez-vous, monsieur, c'est qu'ils continuent leur chemin vers la montagne, et qu'ils ne nous aperçoivent pas.

Pour obéir à ce conseil, tous, nous nous étendons à plat ventre sur la butte, le menton dans les mains, les coudes sur la terre. Nous attendons que les éléphants sortent de la forêt pour entrer dans la jungle. C'est l'affaire d'un quart d'heure.

La première fois que les hommes crient : « Les voilà !... » j'écarquille les yeux, et je ne vois rien. Les éléphants passent à peu près à deux kilomètres de nous, et, déjà, les ténèbres occupent le pied de l'horizon.

Je m'attendais à les apercevoir en saillie.

Ils sont presque enfouis dans la jungle, et ce que je vois défiler là, à la crête des épis mûrs de la folle simbalette, c'est une suite de carapaces immenses, voyageant à quatre ou cinq mètres de hauteur au-dessus de la terre. On dirait cette manœuvre de la tortue que les guerriers antiques faisaient avec leurs boucliers quand ils approchaient d'une forteresse. Sans doute, ici, les proportions sont énormes. Ce sont des géants qui s'abritent sous ces plaques de tôle bombées pour éviter les traits de flamme qui jaillissent encore du sommet de l'Assabot.

Deux ou trois fois seulement des trompes se sont levées, des têtes ont surgi avec les oreilles en éventail. On eût dit. sur une mer de tempête, la montée à la vague d'un cargo-boat, démâté, dressant son beaupré et son avant, chargé d'une paire d'ancres. La vague qui suit rengloutit l'épave, l'ensevelit dans quelque abîme, d'autant plus profond, que la lame du sursaut était plus haute. Et insensiblement, sur la surface des eaux, le sillage s'efface. Ainsi en va-t-il pour le spectacle que nos regards épient. Les éléphants passent comme un mascaret, suivis de quelques remous, et puis, après comme avant, c'est le repos des choses, l'immobilité dans la montée des ténèbres.

On retourne aux tentes, on se jette à la hâte sur les lits de camp, car l'étape de demain sera formidable

... Le poids du sommeil pèse encore comme un rocher sur toutes les poitrines quand les sentinelles de la dernière garde viennent nous tirer par les pieds.

— Quelle heure est-il ?

— L'aurore est déjà haute.

— Allons ! il faut se lever, et vite.

D'autant plus vite, que je voudrais faire dévisser une de mes caisses à cartouches avant qu'on les charge sur le mulet, pour changer la qualité de ma provision. Les balles explosibles ne valent rien contre l'éléphant. Elles éclatent sans le blesser grièvement dans l'épaisseur de son cuir. C'est le petit lingot plein, qui a des chances de se faire une route jusqu'au cerveau ou jusqu'au cœur, et d'y porter la mort.

J'appelle donc le muletier qui a la charge de mes bêtes de bât :

— Haélimascal !

Personne ne répond. Le nom tombe dans le silence.

— Eh bien ! Haélimascal !... Tu n'as pas entendu ?... Abdi !... Où se cache t-il ?

Abdi est devant moi. Il a sa figure des jours de malheur.

Il déclare :

— Hier soir, Haélimascal est allé à la découverte de l'eau. Il n'est pas revenu.

— Tu en es sûr ?... Qui est son compagnon de charge... Borou ? Eh bien ! Borou, tu n'as pas revu ton camarade ?

Borou secoue la tête et Abdi prononce :

— Tout le monde était occupé des éléphants. On ne s'est pas aperçu que l'homme n'était pas rentré.

Je me tais, et les hommes se taisent; ils nous regardent.

— Allons! Abdi, il faut aller à sa recherche. Pars devant, avec deux ou trois garçons. Moi, je mettrai la caravane en route, du côté de Moullou, car l'heure avance et le soleil monte, il faut que les bêtes arrivent à midi au point d'eau. Ensuite, je te rejoindrai avec la caisse aux pansements.

... Deux heures plus tard. Dans la direction de la rivière, Abdi vient au-devant de moi. Il ne se presse pas; pourtant, je suis sûr qu'il a trouvé, car les traces des pieds nus d'Haéli-mascal sont faciles à suivre dans la poussière et dans la boue.

— Eh bien, Abdi !

— Il est en train d'agoniser.

— Qui l'a frappé ?... Les Dankalis ?...

— Les éléphants... Il était près de l'eau, quand ils ont passé entre lui et le camp... Alors, il s'est caché dans les buissons... Toute la troupe avait défilé sans l'apercevoir. Mais, il a eu une idée mauvaise... Une femelle fermait la marche... séparée des autres... plus loin ; plus loin encore, derrière... venait son petit, une bête de cinq ou six mois... Haélimasçal a pensé : « Si je peux l'isoler de sa mère, le ramener au camp, le vendre à Djibouti, 'ma fortune est faite. » Il est sorti du buisson... Il a effrayé le petit éléphant avec sa châmmâ, il l'a obligé à fuir en arrière... Malheureusement, en se sauvant, le petit a appelé... La mère s'est retournée, elle a vu l'Abyssin... elle est venue sur lui au grand galop... Vous le savez, Haélimascal avait de bonnes jambes, il a senti pourtant que la mère avançait plus vite. Il allait être rattrapé... Il a couru vers un arbre... Il l'a escaladé... Il s'est hissé hors de la portée de la trompe... Mais la mère était en colère, elle voulait sa vie... Elle a commencé d'ébranler l'arbre... Le tronc était gros et il résistait... Elle ne s'est pas découragée... Il paraît qu'elle a travaillé deux heures... Elle a fini par le jeter à bas... Alors, au moment où Haélimas-cal tombait, embarrassé dans les branches, elle s'est avancée sur lui, elle l'a piétiné

— Qu'avez-vous fait pour ce pauvre garçon?

— Deux de vos hommes l'ont porté auprès de l'eau... Il voulait boire. Quand vous arriverez, il sera peut-être mort.

De loin, j'aperçois Haélimascal étendu sur la terre. Il est nu. Les deux Abyssins qui l'assistent ont roulé ses vêtements pour lui soulever la tête. Cela fait sous la nuque un petit tas de calicot boueux et sanglant.

J'ai l'affreuse vision d'un rat écrasé, crevé par la roue d'un tombereau. Les entrailles ont jailli hors du flanc, comme sous la pression des doigts la pulpe d'un raisin. Le visage a été lavé par les Abyssins; mais la trace des fontaines de sang qui ont jailli de la bouche et des narines est encore visible sur la poitrine défoncée.

L'homme a les yeux ouverts. Je le regarde longuement, je lui parle. Il a l'air de me fixer: pourtant, je ne suis pas sûr qu'il me voie. Les Abyssins disent que depuis une demi-heure, il ne parle plus. La caisse aux médicaments vient d'arriver. A quelques pas du moribond, le mulet qui la porte broute l'herbe.

Je ne jouerai pas l'inutile comédie d'ouvrir la boîte et de déboucher un flacon. Nous ne pouvons plus rien pour Haélimascal. Il faut souhaiter seulement qu'il finisse vite. S'il tardait trop, il faudrait partir sans l'enterrer. Ici, tout blessé qui tombe sans espoir de guérison est un condamné à mort. Lui, comme nous. C'est la loi de la route.

Le mulet broute toujours, en balançant ses cantines. Abdi a pris la place du tas de calicot. Il a posé la tête d'Haélimascal sur ses genoux. Tantôt, nous regardons l'homme dont le souffle décroît, tantôt, les ombres qui se raccourcissent.

Là, à ma ceinture, j'ai quelque chose de suspendu, un outil de repos... En une seconde, il donnerait la paix à ce martyr, la paix que, avec des supplications, je réclamerais à sa place...

Nous sommes quatre autour de ce corps éventré : quatre hommes. Même, ici, c'est la société qui veille avec ses préjugés, ses exigences... Mais j'en ai le sentiment net, si l'un de nous restait, ici, seul, à veiller sur cette agonie, la pitié serait la plus forte, et les yeux d'Haélimascal se fermeraient...

XXVI

LES MAUDITS

Des rives de l'Aouache au Nil Bleu, le cheval est florissant. Il va de soi que, dans les belles plaines des Pays Carayou et Dankali, il a plus de taille, et tout ensemble moins de squelette ; et puis, il est plus près de la pure source de sang arabe. Sitôt que l'on escalade le plateau abyssin, ses lignes se modifient. Ici, comme ailleurs, la montagne « pousse à l'os ». Les reliefs ont plus de saillie ; la nécessité d'adapter ses poumons à l'air raréfié des formidables altitudes transforme l'avant-main. Ce cheval des hauts plateaux a, dans sa silhouette, moins de beauté que son cousin de la plaine. Il se rachète par la supériorité de ses pieds, par le miracle de sa résistance.

Le cheval garde, ici, sa noblesse intacte. On ne l'emploie que pour la guerre et pour la chasse. Tout le long des routes de caravane, il est conduit en main. Il est un compagnon de choix et de luxe. On ne veut ni le fatiguer, ni le déshonorer par la corvée. Dieu et le Diable ne se sont-ils pas entendus pour créer le mulet ? C'est ce bâtard qui porte sur son échine ogivale tout le poids de la civilisation abyssine.

Tel est le point de départ du sentiment éthiopien en face des deux variétés de montures, que le destin lui offre, car, ici, l'âne n'est pas en jeu : on l'emploie, tout au plus, du Harrar à la côte, pour porter deux petits sacs de café. Pas un homme qui se respecte, voire le plus pauvre manant, ne voudrait, comme un Arabe, enfourcher un bourricot.

Mais, il est périlleux, dans le siècle où nous sommes, de vivre l'existence d'un grand seigneur fainéant. La guerre devient tous les jours plus rare. La chasse est un plaisir d'oisifs. Le cheval abyssin vit donc huit mois par an sans cavalier sur le dos, avec une selle brillante recouverte d'une étoffe de parade. Inactif, il s'étiole. Il finit, à la longue, par tomber en secrète défaveur. Déjà, sur les marchés, il coûte trois fois moins cher que le mulet. Et lorsque l'empereur Ménélick, homme pratique, moderne, veut, dès son entrée sur le territoire abyssin, donner, à un hôte auguste, une marque d'amitié particulière, ce n'est pas un cheval qu'il lui envoie : c'est une mule, supérieurement harnachée.

— Tout ça n'empêche pas, monsieur, que les mulets soient des maudits !

— De qui, mon brave Dinessa ?

— De Dieu.

— Et la preuve ?

— La preuve ? c'est qu'ils ne se reproduisent pas... Est-ce que les mules de chez vous ne sont pas des bêtes stériles ?

Ce sont là de ces arguments auxquels on ne

saurait répondre. L'Abyssin y tient d'autant plus qu'ils lui fournissent une commodité.

Il part de cette stérilité du mulet et de la défaveur dont elle est une marque pour traiter ce serviteur comme un forçat qui expierait un crime. La blessure du mulet ne l'attendrit pas. Il charge le blessé jusqu'à ce qu'il en trépasse. Et lui, qui, si volontiers, met son couteau à l'air pour couper la gorge d'une antilope abattue, ou éventrer quelque grosse bête agonisante, il sème derrière soi les mulets blessés à mort, sans les achever, comme on abandonne, non pas un être, un objet détérioré sur la route.

— Je vous dis, monsieur, que ces mulets sont maudits.

Afin de faire entrer dans les côtes des mulets cette conviction douloureuse, les chargeurs que l'on enrôle ne prennent aucun souci d'équilibrer les charges.

Si le bât a été bien choisi, s'il ne blesse pas le rein de la bête, s'il laisse le garrot libre, s'il ne frotte pas contre la saillie des hanches, le mulet fera sa route sans périr. Mais, il faut lutter quotidiennement contre l'indifférence des convoyeurs pour « de la viande qui déplaît à Dieu ». Ils échangent entre eux leurs bâts et leurs charges, si bien que vous voyez défilér votre troupe, en silhouettes caricaturales ; une pauvre petite bête, qui tient de sa mère l'ânesse plus que de son père l'étalon, vous dépasse au grand trot avec la charge d'un éléphant sur l'échine. Une grande carogne osseuse dont les tringlots de chez nous feraient, comme ils disent irrévérencieusement, « un ministre », se prélasse avec trois casseroles qui ballottent en travers de son dos, en contrepoids avec un bidon de pétrole. Perpétuellement, la charge, mal arrimée, vacille, s'incline d'un seul côté, comme les plumes du chapeau d'une pauvresse anglaise, qui vient de cuver un peu dans les ruisseaux son ivresse de gin.

Vous pouvez bien vous mettre en colère, ordonner que l'on arrête la marche, que l'on jette à bas ces charges difformes, que l'on répartisse avec plus de justice l'effort et la souffrance. On vous cède pour la forme, en rechignant. On appuie un pied rageur dans le flanc du mulet, afin de serrer un peu davantage les cordes, qui enveloppent la charge et la bête, qui passent sous son ventre, à la place des sous-ventrières, et qui, avec le temps, se sont creusé, aux places de contact, des ornières profondes dans la chair vive. Les bras obéissent, mais les volontés protestent, et les dents mâchonnent avec une sourde colère :

— Qu'est-ce qui lui prend à celui-là ? Prétend-il enseigner à des chrétiens comment ils doivent se comporter envers des maudits ?

Le mulet en route est si réellement un forçat à la chaîne, que, malgré les risques qu'il court quand il s'évade, du fait des fauves, embusqués dans le taillis et dans la jungle, il n'a qu'une idée dans la cervelle : s'échapper.

Au matin, quand on le désentrave, et quand il voit approcher ce trio haïssable, le bourreau et ses deux acolytes, je veux dire, le convoyeur qui apporte le bât, le soldat qui tient la tête en l'air, pendant qu'on charge, le boy qui se suspend à la queue pour empêcher la ruade, le pauvre mulet fait un effort désespéré afin d'échapper à ses tourmenteurs.

Il y en a qui se roulent sur le dos, la bouche ouverte, les quatre pieds recroquevillés comme des cloportes en défense.

D'autres envoient leurs sabots de derrière par quarante-cinq degrés, dans la direction de la lune qui, à l'horizon, pâlit. Quelques-uns s'évadent en une série de bonds comiques, les pieds de devant entravés, debout sur leurs membres postérieurs, comme des kangourous en débandade. Il y en a qui attendent sournoisement d'être chargés et qui, brusquement, s'écroulent comme un pan de muraille...

Cependant, il faut bâter, charger et partir...

Si le maudit a des malices d'enfer à sa disposition, s'il les renouvelle chaque jour, le convoyeur connaît, lui aussi, des moyens de persuasion qui auraient fait sourire le bon Torquemada. Il les essaie avec confiance. Et l'on a la satisfaction quotidienne de voir une fois de plus triompher le Principe du Bien sur le Principe du Mal.

L'étape des mulets est, presque chaque jour, de sept ou huit heures d'affilée; il arrive que l'on atteigne douze ou quinze heures, voire, dans un cas de nécessité, que l'on marche vingt heures sur vingt-quatre. Alors, quand le point d'eau est joint, avant de songer à donner à boire aux maudits, ou de fournir à leur appétit un peu d'orge, on les abat brusquement, sur le flanc, on s'approche d'eux avec des couteaux que l'on a fait rougir dans la braise, et là, cruellement, pour leur bien, — c'est-à-dire pour qu'ils puissent continuer à porter la charge, — on les laboure, profondément, au fer rouge. On raie, on balafre, on sonde toutes les plaies. On explore à la flamme les cavités purulentes. On dessèche les fontaines de décomposition. L'indifférence, hélas! vient vite en face de ces nécessaires supplices. Par contre, jamais mes narines ne se sont habituées à la fade odeur de poils roussis, de chair grillée vivante, de pus volatilisé, qui à ce moment-là, se répand dans l'air. Elle prend à la gorge. Elle nourrit et elle écœure. D'ailleurs, il n'y a pas à nier, le remède est bon. Abdi, qui n'a pas grande culture théologique, a retenu au moins cette parole évangélique, qu'il ne manque pas de prononcer chaque fois que ses mulets brûlés soigneusement, lui échappent d'un bond, et courent, tout noircis, se rouler dans la poussière :

— Allez, maudits, au feu éternel !

… Au mois de juin dernier, j'avais acheté, sur le marché d'Addis-Ababa, une trentaine de bêtes en bon état pour redescendre avec rapidité vers la côte, atteindre Djibouti assez tôt pour m'embarquer à date fixe, sur le paquebot de Madagascar.

Cette fois, nous abandonnions la belle route du Tchertcher, ses forêts de cèdres et de jasmins, ses altitudes rafraîchissantes, ses eaux qui ne se taisent jamais. On coupait au plus court, tout droit, comme en mer, à la boussole, par le désert Dankali et la brousse des Issas. On savait que l'eau manquerait en chemin, que le thermomètre dépasserait, quotidiennement, les quarante degrés à l'ombre. Or, cette ombre-là, où voulez-vous que le voyageur du désert la prenne? Sous le ventre de son mulet?

Mon brigadier chef et mes amis m'avaient averti :

— Dès que vous aurez passé l'Aouache, si vous prétendez marcher à une telle allure, vous marquerez chaque étape avec des cadavres de mulets.

Je les croyais pessimistes; puis j'avais mes raisons pour faire la sourde oreille. Je n'apercevais plus, là-bas, bien loin derrière l'horizon en flammes, que cette tache bleue de l'Océan Indien et dessus la petite tache blanche d'une fumée de navire. Que m'importait à cette heure la souffrance des maudits?

Cependant, quand le premier d'entre eux tomba, j'eus un saisissement. Il s'écroula au matin à la minute même où l'on apportait sa charge pour la lui appliquer sur l'échine. C'était une bête grisonnante, mais qui avait l'épaule oblique, des membres bien établis, un air de force. L'homme qui la conduisait, dit :

— Hier, pendant la nuit, il avait les jambes raides. Deux ou trois fois, j'ai dû le soutenir. Pourtant, il a mangé à l'étape. Tenez ! Étendu comme il est, il allonge encore la lippe pour ramasser quelques grains d'orge qui traînent à sa portée ! Ces maudits ! Ils n'ont plus la force de travailler, ils sentent qu'ils vont mourir, ils veulent manger encore !

A ce moment-là, les naseaux du mulet se dilatèrent, battirent comme des ailes de chauves-souris, et, par cette double porte du souffle, quelque chose sortit de la bête, légèrement, capricieusement.

Rien d'horrible. Quelques petits flocons comme des bulles de savon, comme de la mousse d'œufs à la neige. La lumière irisait cette mousseline diaphane. Tout de suite la brise d'aurore la saisit, la dispersa, l'éparpilla au loin. Alors, les jambes du mulet devinrent tout à fait raides. Son œil s'enfonça dans le

trou de l'orbite ; et, sous la fermentation des
œuvres de la mort, succédant sans arrêt aux
efforts de la vie, le ventre efflanqué enfla.

Je dis :

— Distribuez sa charge, et en route.

Quatre heures plus tard, un second mulet
tomba, et puis, le soir, un autre.

Chaque fois, les mêmes symptômes se mani-
festaient, la même simplicité dans les rites de
l'agonie, le même éparpillement de cette âme
animale, en quelques bulles irrisées, à la surface du désert.

J'avais pris les devants. Je ne voulais pas,
je ne pouvais plus m'arrêter. Je ne désirais
pas entendre la parole que je prévoyais. Je
n'avais rien à répondre aux questions qu'on
allait me poser :

— Il est encore tombé deux mulets... Il y
en a trois qui marcheront peut-être jusqu'à ce
soir... Ils n'iront pas plus loin... Que ferons-
nous des charges ?

... Quand la première silhouette des chameaux
dankalis nous est apparue aux environs d'Adal-

gala, la route était, derrière nous, jalonnée d'épaves... Quand j'ai atteint le chemin de fer, à Daouenlé, sur les trentes bêtes que j'avais achetées au marché d'Addis-Ababa, il en restait neuf.

Je suis venu les compter avant de monter dans le wagon.

Elles ne cherchaient plus à fuir, serrées les unes contre les autres. Elles formaient un tas de chairs sanglantes et écroulées. On y voyait des poumons battre à l'air, des vers rongeant les chairs décomposées. Abdi n'avait pas encore eu le temps d'incendier tout cela, de tirer de ces cendres quelques étincelles de vie.

L'odeur de mort était violente.

Je me détournai.

Alors, Dinessa prononça :

— Je vous l'avais bien dit... Ces mulets n'ont pas de cœur... Ce sont des maudits !... On n'a jamais d'agrément avec eux.

FIN

IMPRIMERIE CHAIX, RUE BERGÈRE, 20, PARIS. — 888-2-03. — (Encr Lorilleux).